Rüdiger Maschwitz

Hellwach und entspannt

Rüdiger Maschwitz

Hellwach und entspannt

Eutoniegeschichten für Kinder

Kösel

Hinweis:

Zu diesem Buch ist eine CD erschienen. Rüdiger Maschwitz erzählt einige Geschichten aus diesem Buch. Dazwischen hören Sie Instrumentalmusik und Lieder von Siegfried Macht. Die Noten dazu sind in diesem Buch abgedruckt.

CD:

Hellwach und entspannt
Eutoniegeschichten für Kinder
Mit Liedern von Siegfried Macht
Bestell-Nummer: 3-466-45735-1

ISBN 3-466-36567-8

Druck und Bindung: Kösel, Kempten
Umschlag: Elisabeth Petersen, München
Umschlagmotiv: Norbert Schäfer Archiv, Düsseldorf

Gedruckt auf umweltfreundlich hergestelltem Werkdruckpapier (säurefrei und chlorfrei gebleicht)

Inhalt

Pinocchio erwacht zum Leben

Ein Vorwort

Eutonie ist eine Körperarbeit, die kleinen und großen Menschen zu einer guten, heilsamen und umfassenden Spannung helfen kann. Dabei schenkt sie – neben vielem anderen – den Übenden »Selbst-Bewusst-Sein«, in der wahren Bedeutung dieses Wortes.

Um mit Kindern Eutonie zu üben, habe ich bisher entsprechende (Erwachsenen-)Übungen kindgemäß abgewandelt und auf diese Weise Eutonieübungen für Kinder entwickelt. Die Anleitung und das Erleben der Kinder waren in Ordnung, aber mir fehlte etwas.

Ich war nicht ganz zufrieden. Sogar mit meiner lockeren und doch verbindlichen Art Kinder anzuleiten, konnte ich nicht die Intensität und Freude entstehen lassen, die ich mir bei der Arbeit wünschte.

Die Arbeitsweisen, die es zu diesem Zeitpunkt in Theorie und Praxis für Kinder gab, waren mir entweder zu weit von der Eutonie weg bzw. einfach nur noch »fun« oder zu erzieherisch oder sie waren, wie meine eigenen Anleitungen, zu sehr an den Erwachsenen orientiert.

Plötzlich – ich saß an einer Vorbereitung für Eutonie mit Kindern – machte es »klick« und ich wusste, wie meine eutonischen Übungen mit Kindern in Zukunft aussehen werden. Ich hatte mir gerade vorgestellt, wie Pinocchio – die Holzpuppe – langsam zum Leben erwacht. Die ersten Bewegungen von Pinocchio konnten nur eutonisch sein, sonst wäre das Holz nicht lebendig geworden.

Also probierte ich es aus. Ich erzählte den Kindern, wie Pinocchio zum Leben erwachte. Die Kinder lagen als Pinocchio auf dem Boden und machten jede seiner ersten Bewegungen mit.

Die Eutoniegeschichten für Kinder waren geboren und sie waren gelungen. So veränderte sich meine eutonische Arbeitsweise mit Kindern grundlegend: Die Kinder hören eine »Übungs-Geschichte«. In der Geschichte sind die Anleitungen enthalten und die Kinder erleben die Eutonie mit Pinocchio oder Pu oder MiniLisa. Aber nicht nur Kinder, sondern ebenso Erwachsene oder gar die ganze Familie können so Eutonie üben.

Dieses kleine Buch stellt eine Auswahl solcher Geschichten vor. Wer Eutonie kennt, wird die Anleitungen in den Geschichten sofort erkennen.

Wer Eutonie nicht kennt, ist eingeladen, selbst Eutonie zu üben. Auch dabei hilft dieses Buch.

Drei grundlegende Übungen für Erwachsene sind enthalten, und außerdem wird Eutonie mit vielen kleinen Übungen erläutert und erklärt. Lassen Sie sich ruhig selbst auf Eutonie ein. Eutonie wird Ihnen gut tun, denn Eutonie will, dass Sie in Wohlspannung – also einer angemessenen Spannung – leben.

Die Geschichten verlieren an Wirkung, wenn der/die Anleitende sie ohne eigene Erfahrung in Körperarbeit weitergibt. Wer eine andere Form der Körperarbeit übt, zum Beispiel Yoga, Feldenkrais oder Qi Gong, wird aus dem darin erlebten Körpergefühl sicher schnell einen Zugang zur Eutonie finden.

Eutonie kennt keine Voraussetzungen und keine Altersbegrenzung, sondern ist unkompliziert, schlicht, fördert die Bewusstheit und kommt Leib, Seele und Geist gleichermaßen zugute.

In welchen Arbeits- und Lebensbereichen kann mit Kindern nach diesem Buch geübt werden?

Die Antwort ist einfach: Überall, wo Kinder und Erwachsene dies möchten – im Kindergarten und in der Grundschule, mit behinderten und nicht behinderten Kindern, in der Krankengymnastik oder in der allgemeinen Motorikschulung, in der Familie miteinander oder mit der CD zum Buch allein – Eutoniegeschichten schenken Selbstbewusstsein im umfassenden Sinne.

Viel Freude!

Rüdiger Maschwitz, Hetzenholz – zum Jahreswechsel 2000

Was ist Eutonie?

Entspannte Spannung

Eutonie ist eine Form der Körperarbeit, die in diesem Jahrhundert wesentlich durch Gerda Alexander entwickelt und im europäischen Raum bekannt gemacht wurde.

Jede und jeder kann Eutonie üben. Die Übung ist an keine Voraussetzung gebunden. Weder Alter noch Krankheit, weder Behinderung noch Unbeweglichkeit schränken die Möglichkeit, Eutonie zu üben, ein.

Mit den folgenden kleinen Übungen soll Eutonie erklärt werden.

Sie sind eher eine Hinführung als eine ausführliche Übungssequenz. Machen Sie die Übungen achtsam und bewusst. Ihr Tempo sollte so langsam sein, dass Sie jeder Bewegung mit ihrer Aufmerksamkeit folgen können.

1. Übung: Bewusstheit und Bewegung

Heben Sie einen Arm und senken Sie ihn wieder. – Was haben Sie von dieser Bewegung wahrgenommen?

Wiederholen Sie die Bewegung noch einmal bewusst. – Was haben Sie jetzt wahrgenommen?

Wiederholen Sie sie noch einmal und versuchen Sie, die Intensität der Aufmerksamkeit zu steigern.

Vergleichen Sie anschließend den geübten und den nicht geübten Arm. Was ist ähnlich, was ist unterschiedlich?

Diese Übung verdeutlicht das erste Prinzip der Eutonie: Bewusste Wahrnehmung und Bewegung verändert die Körperspannung.

Vergessen Sie bitte nicht, jetzt den nicht geübten Arm entsprechend zu bewegen, sonst fühlen Sie sich leicht einseitig!

Nachdem Sie jetzt eine erste Erfahrung mit Eutonie gemacht haben, können Sie die folgenden Ausführungen vielleicht besser nachvollziehen.

Eutonie heißt übersetzt »gute Spannung«, und damit wird angedeutet, dass Eutonie dem Menschen zu einer angemessenen Spannung für die jeweilige Tätigkeit oder den eigenen Ruhezustand verhelfen will.

Dabei geht Eutonie davon aus, dass jeder Mensch eine ureigene Grundspannung hat und diese Grundspannung für die jeweilige Tätigkeit selbst finden kann.

Die Übungen werden dementsprechend auch von jedem Einzelnen unterschiedlich empfunden: Der eine fühlt sich schwerer, die andere leichter, der Dritte bewusster, der Vierte entspannter und eine andere fühlt sich nicht mehr so müde. Diese Empfindungen werden nicht beurteilt, sondern die Übenden werden ermutigt, sich wahrzunehmen.

Eine Grundfrage in der Eutonie lässt sich so formulieren: Wie bin ich jetzt?

2. Übung: Meine Haltung wahrnehmen

Wahrscheinlich lesen Sie dieses Buch im Sitzen, falls nicht, setzen Sie sich einmal hin. Wie sitzen Sie jetzt? Gehen Sie in ihren Gedanken Ihre Haltung durch und nehmen Sie sich wahr. *– Zeit zum Spüren –*

Gab es Aufgrund ihrer Wahrnehmung Veränderungsimpulse? Haben Sie diese befolgt? Wollen Sie dies jetzt tun? *– Zeit zum Spüren –*

Falls Sie sich noch nicht aufrecht gesetzt haben, tun Sie dies nun. Setzen Sie sich gegebenenfalls aufrecht auf die Vorderkante ihres Sitzes und richten Sie sich – vom Becken her – auf. Die Wirbel bauen aufeinander auf bis in den Kopf. Der Kopf sitzt locker oben drauf. Sie sind aufgerichtet, aber nicht (sehr) angespannt. Die Schultern sind nicht hochgezogen. Die Füße haben guten Bodenkontakt.

Wie sitzen Sie jetzt? Ungewohnt? Leichter? Angestrengt?

Daraus erwächst die nächste Frage: Wie bin ich nach der Übung?

Diese Übung, »sich selbst wahrnehmen«, hilft auch, sich in anderen Situationen wahrzunehmen:

Ist es wahr, dass ich jetzt überspannt bin?

Kann ich die Schultern nicht sinken lassen?

Halte ich die Luft an?

Tut es mir jetzt in der Mittagspause gut, mich auf den Boden zu legen und eine kleine Übung zu machen?

Eutonie führt zu größerer Bewusstwerdung der eigenen Person und zur Achtsamkeit. Der Übende wird sich selbst bewusst und geht achtsam mit sich um. Dazu gehört auch, dass sich die Übenden nicht bewerten, besonders nicht abwerten, wenn sie sich fühlen und wahrnehmen.

In der Eutonie gilt die Regel: Ich bin heute so, wie ich (wirklich) bin. Wenn die Übenden dieser Regel entsprechend arbeiten, ergeben sich durch und in der Übung Veränderungen im leiblichen, seelischen und geistigen Bereich.

Eutonie ist also nicht einfach eine Übung des Körpers, manchmal auch umfassender »Leib« genannt, sondern eine Übung des ganzen Menschen.

Viele Übende entdecken im Laufe der Zeit, dass sie nicht ihren Körper haben und besitzen. Vielmehr sind sie ihr Körper, sie sind ihr Leib. In dieser umfassenden Wahrnehmung wird deutlich, dass beispielsweise nicht der Zahn wehtut – also ein Teil von mir wehtut, sondern dass ich voller Zahnschmerzen bin.

In meiner eigenen Lebensgeschichte war es ein langer Weg von der Empfindung, dass ich mich *mit* meinen abgenutzten Hüften eingeschränkt fühlte, bis zu der Akzeptanz, dass ich *in* meiner ganzen Person und Lebensweise behindert bin. Die Empfindung: »Ich bin mein Leib« kann also genauso freudig, wie auch schmerzhaft sein.

Zusammenfassung:

Die Übungen der Eutonie bewirken einen Spannungsausgleich. Jemand, der überspannt ist, findet Entspannung, jemand, der sich schlaff fühlt, kann Spannung aufbauen – durchaus durch dieselbe Übung. Notwendig ist dazu allerdings die regelmäßige, also tägliche Übung.

Die heilsame Kraft der inneren Bilder

Eutonie wirkt auf die Haut, die Muskulatur und die Sehnen, auf die Knochenbereiche und damit auf die Wirbelsäule und auf die Gelenke. Im fortgeschrittenen Stadium beeinflusst Eutonie sogar die inneren Organe positiv.

Die Übenden finden zu einer harmonischen Grundstruktur zurück und ihr Gang wird aufrechter und leichter, vielleicht sogar weicher und markanter zugleich.

Eutonie bewirkt, dass die Menschen sich im Liegen, Stehen und Gehen in einer angemessenen Spannung befinden und mit ihren Möglichkeiten Gestalt werden und Gestalt sind.

Dies bedeutet nicht, dass Handicaps und Krankheiten (einfach ganz) verschwinden. Es bedeutet aber, dass eutonisch geübte Menschen mit ihren Handicaps und Krankheiten sich ihrer Würde und ihrer Möglichkeiten bewusst sind und dass ihr ureigenstes Potenzial sozusagen durchscheint oder durchtönt. Und dass Heilung und Besserung in vielen Bereichen möglich ist.

3. Übung: Sich hinlegen und spüren – sich selbst in Ton gestalten

Sie brauchen eine Decke, eventuell ein kleines Kissen als Unterlage für den Kopf, einen Klumpen Ton oder notfalls Knete.

Legen Sie sich in der Rückenlage auf die Decke ab. Falls Ihre Wirbelsäule im Nackenbereich nach unten abknickt, legen Sie ein Kissen unter den Kopf. Die Arme liegen neben dem Körper.

Stellen Sie sich vor, Sie liegen im warmen, weichen Sand. Ihr ganzer rückwärtiger Leibbereich legt sich im Sand ab. Geben Sie sich dem Boden hin, vertrauen Sie sich der Grundlage an. Lassen Sie sich Zeit und nehmen Sie sich von Kopf bis zu den Zehenspitzen wahr – so gut dies jetzt geht.

Räkeln Sie sich nach einiger Zeit durch und setzen Sie sich auf. Nehmen Sie den Ton in die Hand und schließen Sie die Augen. Gestalten Sie sich mit geschlossenen Augen. Keine Sorge, es geht oft besser als mit offenen Augen.

Anschließend schauen Sie sich ihre Gestalt in der Hand an. Werten Sie bitte diese Figur nicht, nehmen Sie sie wahr.

Es ist ein Geschenk der Eutonie an die Menschen – dies hat schon Gerda Alexander entdeckt –, dass jeder Mensch in sich ein unversehrtes Körperbild trägt. Dieses Phänomen ist schwer zu beschreiben, aber leicht zu erfahren.

Im Laufe der Jahre vertiefte sich auch bei mir der Eindruck – gerade in der Arbeit mit gehandicapten und behinderten Menschen –, dass sie in sich ein Bild ihres unversehrten Leibes tragen. Zuerst dachte ich, dies wäre eher ein archetypisches Grundbild, das wir alle in gewisser Weise abstrakt in uns tragen, also gespeichert haben.

Indem ich die Übenden diese inneren Bilder des Leibes mehr und mehr mit geschlossenen Augen in Ton gestalten ließ, entdeckte ich die subjektive und sehr persönliche Ausgestaltung des inneren Körperbildes.

Hier einige Beispiele für die Wichtigkeit dieses inneren Körperbildes:

- Nach einer Beinamputation, die Jahrzehnte zurückliegt, gestaltete sich ein Mann bis ins Detail mit seinem kompletten Bein. In der Eutonieübung konnte er sogar sein nicht vorhandenes Bein einbeziehen. Dies kann auf das Leibgedächtnis zurückzuführen sein, das jeder von uns besitzt und in dem Körpererfahrungen gespeichert werden. Schläge beispielsweise sind dort meist intensiver gespeichert als im Bewusstsein.
- Ein körperbehindertes Mädchen konnte in der Vorstellung mit dem nicht vorhandenen Arm üben.
- Ein spastischer Mann, mit dem ich längerer Zeit übte, konnte (oft) seine Gliedmaßen in der Vorstellung koordiniert bewegen.

Dieses innere Körperbild ist unversehrt, also heil – auch wenn Menschen nicht im landläufigen Sinne gesund sind.

Die Eutonie – und sicher auch manch andere Form der Leibarbeit – schenkt den Menschen die Erfahrung, dass sie heil sein können – auch wenn sie nicht gesund sind.

Das innere, oft unbewusste Körperbild hat noch weitere Ebenen. Mein rechtes Bein war zum Beispiel beim Gestalten – Anfang der Achtzigerjahre – fast immer kürzer als das linke Bein. Vor gut 15 Jahren, als meine Hüfterkrankung durch Röntgen bestätigt wurde, wurde auch entdeckt, dass dieses Bein deutlich kürzer ist.

Seitdem achte ich beim Gestalten auf solche Auffälligkeiten, ohne sie überzubewerten. Ein genereller Schluss vom Gestalten auf eine Krankheit halte ich jedoch für zu einfach und oberflächlich. Sich wiederholende Gestaltungen können allerdings ein Hinweis sein, dem der Übende dann nachgehen sollte.

So wird Eutonie geübt

In der Eutonie sind folgende Arbeitsweisen bekannt, die hier jeweils mit einer kleinen Übung verbunden werden sollen:

Grundkontakt finden (Haut und Boden)

Der Mensch lebt vom Kontakt, von der Berührung. Ein Mensch ohne Kontakt und Berührung zu sich selbst und zu anderen verkümmert. Die Eutonie lädt ein, über den Kontakt, zum Beispiel zum Boden, Kontakt zu sich selbst zu finden.

Sie können dazu die 3. Übung noch einmal wiederholen. Sie gibt einen ersten Eindruck vom Grundkontakt.

Eine weitere Kontaktübung ist die Wahrnehmung der Haut. Während ich dies auf einer Terrasse schreibe, bläst mir der warme Wind ins Gesicht und ich kann ihn gut auf meiner Haut spüren.

4. Übung: Die Haut im Gesicht wahrnehmen

Setzen Sie sich hin und versuchen Sie, von der Stirn aus nach unten gehend Ihre Haut wahrzunehmen. Gehen Sie bis zum Nacken und zum Halsansatz. Die Luft umgibt Sie, und Sie können sie auf Ihrer Haut wahrnehmen.
Wo können Sie die Luft tatsächlich spüren?

Die Wahrnehmung der Haut ist eine einfache und komplexe Übung der Eutonie, die viel zu selten geübt und vertieft wird. Die Haut können Sie auch im Kontakt mit dem Boden und den Kleidungsstücken wahrnehmen.

Dehnung und Streckung

In der Eutonie wird nach dem Grundkontakt oft in eine sanfte Dehnung und Streckung übergegangen. Je nach individuellem Bedürfnis dient dies dem Spannungsaufbau oder dem Spannungsabbau. Die Bewegung bei der Dehnung bzw. Streckung ist sanft, langsam und behutsam, so kann nie eine Zerrung auftreten. Denken Sie daran, sowohl die Dehnung wie die Rücknahme der Dehnung geschehen in der gleichen Aufmerksamkeit.

5. Übung/Teil eins: Arme über dem Kopf ablegen

Wiederholen Sie Übung 3. Nehmen Sie dann Ihre Unterlage noch einmal wahr. – *Zeit zum Spüren* –

Wählen Sie einen Arm aus und strecken Sie ihn mit den Fingerspitzen ein wenig Richtung Füße. Der Arm mit der Hand ist sanft gestreckt. Heben Sie den Arm (gestreckt) langsam Richtung Decke und legen Sie ihn – nach Ihren

Möglichkeiten – langsam immer noch ein wenig gestreckt über dem Kopf ab. Lösen Sie bitte die Streckung auf, wenn der Arm mit dem Boden in Berührung kommt. Der Arm soll sich (eventuell auch seitlich) auf den Boden ablegen. Spüren Sie sich in diese Lage des Armes gelassen hinein.

Danach folgt genauso und doch selbstständig der zweite Arm.

Beide Arme liegen nun hinter dem Kopf – für Sie angemessen gestreckt – und berühren den Boden.

Nach einer kleinen Weile wandert zuerst der eine, dann der andere Arm wieder nach vorne neben den Körper. Lassen Sie die Bewegung nachklingen und fragen Sie sich vor dem Durchräkeln: Wie liege ich jetzt? Was hat sich durch die Dehnung oder Streckung verändert? Gibt es im Rücken mehr oder weniger Bodenkontakt?

Verlängerung, Transport und die Übung in der Vorstellung

Eine Veränderung der vorhergehenden Übung verdeutlicht zwei weitere Übungsprinzipien der Eutonie: die Verlängerung und die Arbeit mit der innerlich vorgestellten Übung. Das nachfolgende Beispiel verbindet beides.

5. Übung/Teil zwei: Verlängerung der Beine in der Vorstellung

Wiederholen Sie die 3. Übung. Spüren Sie sich besonders in den Beinbereich ein. Wählen Sie ein Bein aus, mit dem Sie die weitere Übung beginnen. Stellen Sie sich vor, dass jemand an der Ferse das Bein langsam in den Raum zieht. Das Bein verlängert sich in den Raum. Stellen sie sich diese Übung *nur* vor. Nehmen Sie auch diese Vorstellung wieder zurück. Anschließend üben Sie noch einmal die Verlängerung in der Vorstellung. Die Ferse schiebt sich in der Vorstellung 20 bis 30 Zentimeter in den Raum. Bitte nehmen Sie die Übung auch in der Vorstellung zurück, lassen Sie also die Ferse wieder in die Ausgangslage zurückkommen.

Vergleichen Sie das in der Vorstellung geübte Bein mit dem nicht geübten Bein. Welches Bein ist länger, wärmer, kälter, bewusster? Hat die Übung in der Vorstellung etwas bewirkt?

Wiederholen Sie nun die Übung genauso mit dem anderen Bein.

Sie haben ein weiteres eutonisches Prinzip kennen gelernt: Die Übung in der Vorstellung. Sie ist ebenso wirksam, wie die aktiv durchgeführte Übung. Manchmal ist sie sogar intensiver.

Besonders wertvoll ist die Übung in der Vorstellung immer dann, wenn die aktive Übung nicht möglich ist, bei Verletzungen oder Lähmungen beispielsweise.

So ist es einem Mann tatsächlich gelungen, seinen steifen Arm – nach einem Unfall und entgegen jeder ärztlichen Prognose – durch Übungen in der Vorstellung heute wieder ganz funktionsfähig zu bekommen. Er übte jedoch auch mehr als ein Jahr täglich.

5. Übung/Teil drei: Aktive Verlängerung

Sie können die vorhergehende Übung auch aktiv durchführen. Üben Sie entsprechend, so wie es beschrieben ist, aber ohne Vorstellung. Schieben Sie stattdessen die Ferse sanft und so weit es ohne Anstrengung geht in den Raum. Das Becken bleibt gerade liegen. Üben Sie wie gewohnt beide Beine nacheinander. *– Zeit zum Spüren –*

Der »Transport« – ein Begriff von Gerda Alexander – ist eine Sonderform in der Eutonie, die kaum in Übungen auftaucht. Der Transport beschreibt die Tatsache, dass ein Impuls, zum Beispiel in den Füßen, sich im ganzen Leib fortsetzt. Der Impuls transportiert sich also weiter. Die nachfolgende Übung verdeutlicht dies.

5. Übung/Teil vier: Fuß auf den Boden stellen und den Transport spüren

Wiederholen Sie die Übung 3. Sie liegen nun gut auf dem Boden. Ziehen Sie langsam über die Ferse ein Bein vor das Becken. Der Fuß steht nun vor dem Becken.

Zusatzfrage: Was hat sich im Rückenbereich verändert, durch die Bewegung, mit der Sie das Bein herangezogen haben?

Ziehen Sie den zweiten Fuß genauso heran und stellen Sie das Bein vor das Becken. Wie liegt nun Ihr Rücken auf?

Spüren Sie nacheinander beide Fußflächen. Was ist Ihnen bewusst, was wird Ihnen bewusst?

Die nachfolgende Anleitung bedarf ihrer ganzen Aufmerksamkeit, Sie brauchen ein wenig Neugier und Spielfreude.

Geben Sie kurz ein wenig Kraft über einen Fuß in den Boden und lassen Sie die kurzfristige Anspannung gleich wieder los. Spüren Sie, wie und wohin dieser Impuls sich fortsetzt? Experimentieren Sie mit dem Impuls, bis Sie merken, dass die geringe Kraft – in Richtung Boden – auch in andere Leibbereiche wirkt.

Vergessen Sie nicht, die Übung auch mit dem anderen Bein und Fuß zu machen!

Anschließend lassen Sie beide Beine über die Ferse ausgleiten. Was geschieht im Rücken? Wie liegen Sie jetzt?

Arbeit mit einem Widerstand

Mit einer kleinen Veränderung der vorhergehenden Übung ist leicht zu verstehen, was Widerstand in der Eutonie bedeutet.

6. Übung: Der Boden als Widerstand unter den Füßen

Sie liegen wie in der vorherigen Übung und haben beide Füße vor das Gesäß gezogen. Nun geben Sie wieder Kraft in den Fuß und drücken sich vom Boden ab. Der Boden ist nun der Widerstand. Was geschieht, wenn Sie kontinuierlich Kraft in den Boden geben? Wo können Sie nachgeben und was verändert sich dann?

Wenn es Ihnen schwer fällt zu merken, um was es geht, dann nehmen Sie den Druck weg und beginnen von vorne. (Das Becken, der Rücken hebt sich.)

Geben Sie nun weiter Druck über den Fuß in den Boden und geben Sie im Becken nach. Die Kraft kommt allein aus dem Widerstand des Bodens. Sie brauchen dabei nicht viel Kraft. Sie drücken zum Boden hin und geben nach. Dann lassen Sie die Kraft zum Boden los und legen das Bein langsam wieder ab.

Setzen Sie, wie schon gewohnt, entsprechend die Übung mit dem anderen Bein fort.

Beenden Sie die Übung, wenn Sie den Eindruck haben, dass beide Seiten sich im Üben angenähert haben.

In dieser Übung war der Boden der Widerstand. In vielen Übungen werden Gegenstände als Widerstand benutzt: zwei Tennis- oder Filzbälle unter dem Po, Bambusstäbe neben der Wirbelsäule, ein Rundholz oder ein Kastaniensack.

Der Widerstand will helfen, dass sich der betreffende Bereich je nachdem neu ordnet, Spannung abbaut oder aufbaut. Dabei hat jeder Widerstand eine eigene Fähigkeit. Bambusstäbe sind beispielsweise sehr elastisch und nachgiebig. Würde man Besenstiele verwenden, wäre die Übung ein Martyrium. Des Weiteren hilft der Widerstand die Achtsamkeit zu sammeln, denn der Widerstand ist deutlich zu spüren.

Knochenbewusstsein

In einer fortgeschrittenen Phase der Eutonie kann man sich auch den Knochen zuwenden. Dies überschreitet zum größten Teil die Möglichkeiten dieses Buches, aber es gibt eine oder zwei Übungen für Kinder, bei denen es auch um die Knochen und das Skelett geht. Darüber hinaus ist jede Arbeit an der Wirbelsäule im doppelten Sinne »Knochen-Arbeit«.

Im Folgenden werden Sie erfahren, dass Sie ihre Knochen spüren können. Falls Sie jemals auf das Steißbein gefallen sind, wissen Sie, dass auch sonst kaum fühlbare Knochen sehr bewusst werden können. Allerdings gibt es in der Eutonie sanftere Formen der Bewusstwerdung.

Das Steißbein ist das untere Ende der Wirbelsäule. Darüber liegt das Kreuzbein, das die beiden Beckenseiten verbindet. Lassen Sie sich einladen, dieses Kreuzbein zu erfühlen und zu erspüren – so gut dies anfangs geht.

7. Übung: Das Kreuzbein erspüren

Fühlen Sie, solange Sie stehen, zu Ihrem Kreuzbein hin. Es lässt sich am unteren Ende der Wirbelsäule erfühlen. Es ist meist etwas kleiner als die Handfläche der jeweiligen Person.

Legen Sie sich nun hin und richten Sie Ihre Aufmerksamkeit auf diesen Bereich. Ist er zu erahnen?

Wenn dies schwierig ist, benutzen Sie nun einen einfachen Widerstand. Legen Sie ein Gästehandtuch bei etwa 120 Grad 5–10 Minuten in den Backofen und falten Sie es anschließend auf Handflächengröße. Legen Sie nun dieses Tuch – wenn es nicht zu heiß ist – unter das Kreuzbein. Die aufsteigende Wärme wird vom Kreuzbein gerne und gut aufgenommen und Sie können das Kreuzbein spüren.

Die weitere Arbeit am Knochenbewusstsein führt über diese äußere Wahrnehmung zur Innenraumwahrnehmung der Knochen.

Innenraumwahrnehmung

Selbstverständlich kann man im Innenraum nicht nur die Knochen wahrnehmen, sondern auch mehr oder weniger konkret die anderen Organe. Vieles ist eine Sache der Übung, aber auch der Veranlagung und des Interesses. Mein Interesse lag – durch meine eigene Erkrankung – eher bei den Knochen. Deshalb habe ich auch dort meine Übung verstärkt.

Falls Sie es nicht glauben, dass Sie den Innenraum wahrnehmen können, setzen Sie sich still hin und nehmen Sie sich Zeit. Versuchen Sie einmal, Ihren Herzschlag bzw. Ihren Puls zu hören oder zu fühlen, verändern Sie ihn aber nicht.

Die Bedeutung der Wiederholung

In der Eutonie werden Übungen oft wiederholt. Eine Übung ist in der Wiederholung niemals gleich. Zum einen ist der Übende jeweils anders, zum anderen wirkt dadurch auch die Übung auf verschiedene Bereiche. Darüber hinaus vertieft sich die Übung und wird differenzierter. Sie brauchen dann auch mehr Zeit. Manchmal muss eine Übung 2 bis 3 Monate praktiziert werden, erst dann beginnen sich die wesentlichen Verfestigungen zu verändern.

Der Atem

Der Atem wird in der Eutonie nicht gemacht oder manipuliert. Der Atem fließt und passt sich – aus sich heraus – dem Spannungszustand an. Man könnte sagen: »Es atmet mich.« Achten Sie darauf, dass sie nie den Atem anhalten. Das gilt auch für die Kinder.

Eutonieübungen für die Anleitenden

Kinder brauchen eine gute Anleitung zu den Geschichten. Darüber hinaus enthält Eutonie für Kinder eine große Entwicklungschance zu umfassendem Selbstbewusstsein. Deshalb sollen Sie selbst auf diesen ersten Seiten theoretisch und praktisch in die Eutonie eingeführt werden. So haben Sie eigene Übungsmöglichkeiten und Hintergrundinformation.

Bitte leiten Sie aus diesem Buch nichts an, was Sie nicht selbst erfahren und bei sich erprobt haben.

Andererseits hindern zu strenge Voraussetzungen die eigene Neugier, den Entdeckerdrang und das Ausprobieren. Lassen Sie deshalb die Übungen in den Geschichten auf sich wirken und erleben Sie die Geschichten unbefangen mit den Kindern.

Wenn Sie Eutonie stärker interessiert, können Sie sich ja dieser Körperarbeit vertieft zuwenden. In manchen Städten bietet die Erwachsenenbildung von unterschiedlichen Trägern Eutonie an. Dort können Sie Kurse belegen. Ebenso gibt es Eutonie oft im Zusammenhang mit Meditationsangeboten.

Leider stehen noch immer zu wenig Eutoniepädagoginnen und -pädagogen zur Verfügung, da es nur wenige Ausbildungsstätten gibt und die Ausbildung – zum Beispiel nach Gerda Alexander – zeitlich ausgesprochen aufwändig ist. (Siehe Adressen auf S. 134)

Es werden Ihnen nun drei Übungen vorgestellt, die Sie sich erarbeiten können. Wiederholen Sie diese Übungen regelmäßig. Nehmen Sie sich anschließend die Übungen für Kinder vor und erarbeiten Sie sich diese ebenfalls.

Für diese Übungen brauchen Sie immer eine Decke bzw. eine Matte und je nachdem ein kleines Kissen für den Kopf.

Schauen Sie sich vorher das Skelett-Bild an. Machen Sie sich mit den wesentlichen Körper- und Skelett-Bereichen vertraut. Im Literaturverzeichnis finden Sie die Quellenangabe für ein großes Skelettbild und einen einfachen Anatomieatlas.

Nun zum Üben. Sie werden sicherlich Freude daran haben und sich selbst viel Gutes tun.

Vielleicht wundern Sie sich ein wenig über die vielen Fragen, die die Übungen begleiten. Nehmen Sie sie als Einladung, den eigenen Körper aufmerksam und neugierig kennen zu lernen. Lassen Sie sich für die Fragen ausreichend Zeit.

Nacken und Schultern im warmen Sand

Ausgangsposition:	Rückenlage, Hände neben dem Körper
Hauptwirkungsbereich:	Nacken-Schulter-Bereich
Material:	2 weiche Filzbälle oder zwei gebrauchte (und damit weichere) Tennisbälle
Zeitdauer:	anfangs 20 – 25 Minuten

Vor der Übung:

Legen Sie im Stehen die rechte Hand auf die linke Schulter. Fühlen Sie zu der Wölbung hin, die Schulter und Hals verbindet. Dort sind viele Muskeln. Schenken Sie diesem Bereich Ihre Aufmerksamkeit und legen Sie die Handfläche auf die Wölbung. Sie können diesen Bereich ganz leicht erta-

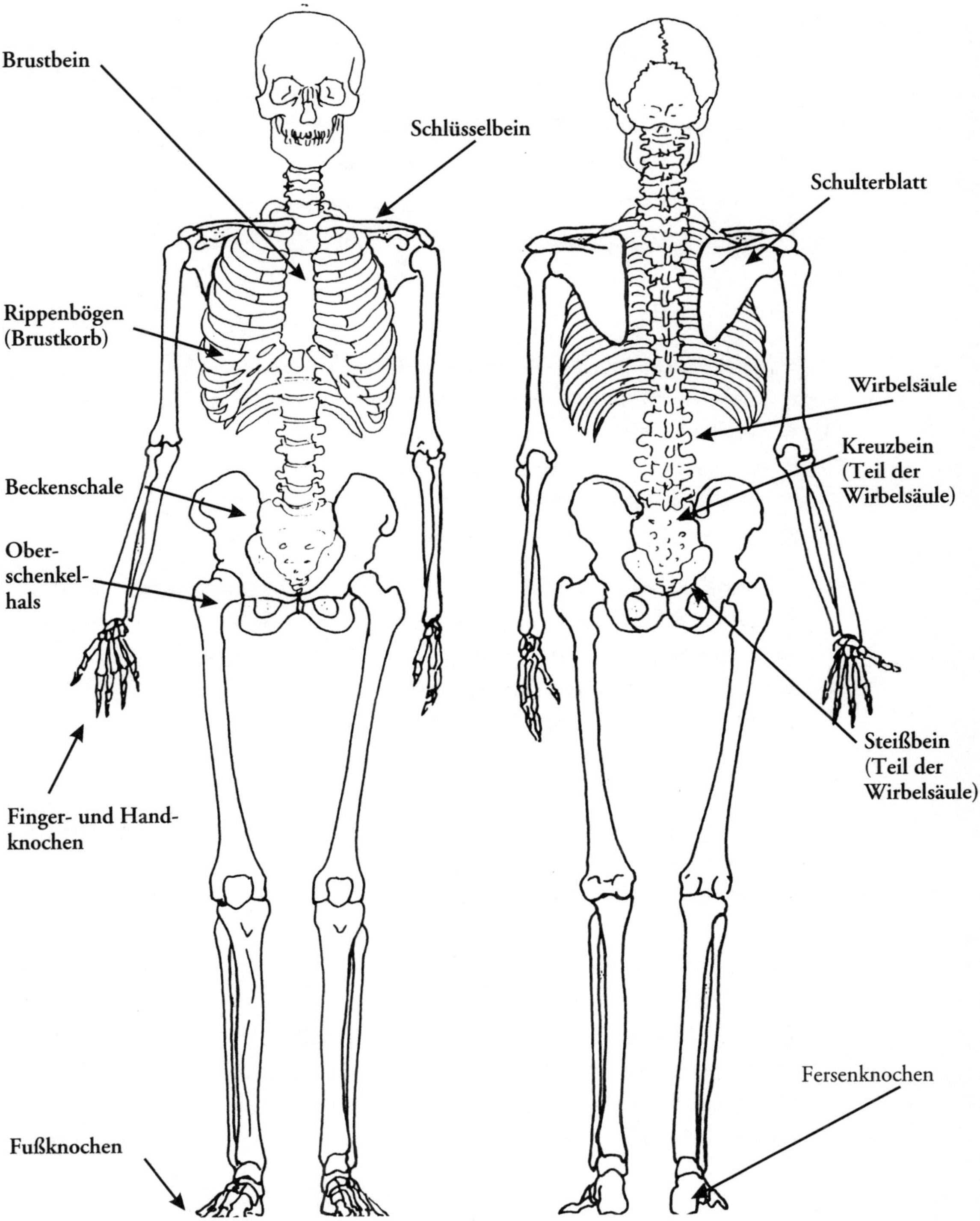
Brustbein
Schlüsselbein
Schulterblatt
Rippenbögen
(Brustkorb)
Wirbelsäule
Kreuzbein
(Teil der
Wirbelsäule)
Beckenschale
Ober-
schenkel-
hals
Steißbein
(Teil der
Wirbelsäule)
Finger- und Hand-
knochen
Fersenknochen
Fußknochen

en. Vielleicht können Ihre Fingerspitzen auch das Schulterblatt berühren. Erkunden Sie die Muskelpartie eingehend, denn darunter schieben Sie nämlich nachher einen der Bälle. Der Ball berührt keine Knochenbereiche, weder die Wirbelsäule noch das Schulterblatt.

Erkunden Sie nun genauso sorgfältig mit der linken Hand den rechten Schulterbereich. Dorthin kommt nachher der zweite Ball.

Erster Teil

Legen Sie sich nun mit dem Rücken auf die Decke und legen Sie sich – falls Ihr Kopf nach hinten abknickt – ein entsprechend hohes kleines Kissen darunter.
Das Kissen befindet sich nie unter der Schulter.
Die Bälle liegen gut erreichbar neben Ihnen.
Legen Sie sich so ab, als ob Sie im Sand liegen würden.
Zuerst wendet sich Ihre Aufmerksamkeit der Berührung des Bodens zu.

- Wo berührt Ihr Kopf den Boden? Gehen Sie von dort zum Nacken. Wie viel Abstand hat Ihr Nacken, nach Ihrem Gefühl, vom Boden? Wann berühren Sie vom Nacken kommend mit den Schultern wieder den Boden?
- Wenden Sie sich einem Arm zu. Wie erwächst der Arm aus der Schulter? Wo berührt der Arm den Boden? Möchte sich die Schulter noch absenken? Kann der Arm folgen? Spüren Sie den Bodenkontakt des Oberarms und des Ellbogens. Gehen Sie über den Unterarm bis zur Hand. Wie liegt die Hand zum Boden hin, wie liegen die Finger? Möchten Sie etwas ändern? Wie liegt nun der ganze Schulter-Arm-Hand-Bereich? Vergleichen Sie ihn zur intensiveren Wahrnehmung mit der ungeübten anderen Seite.
- Nach diesem Vergleich wenden Sie sich der anderen Seite zu. Üben Sie dort mit dem Arm entsprechend.
- Nehmen Sie Ihren Schulterbereich noch einmal wahr und stellen Sie sich dann auf den Rücken ein. Denken Sie an das Bild von vorhin: Sie liegen, wie in weichem, warmen Sand. Gehen Sie Ihren Rücken mit diesem Bewusstsein entlang. Gehen Sie mit Ihrer Wahrnehmung immer tiefer den

Rücken hinab. Wo hat Ihr Rücken wirklich Bodenkontakt, wo ist er mehr oder weniger entfernt? Bitte bewerten Sie diese Wahrnehmung nicht. Sie liegen so, wie Sie sind.

- Vom Rücken gelangen Sie zum Beckenbereich. Kann sich Ihr Becken noch mehr dem Boden anvertrauen? Was nehmen Sie vom Ende der Wirbelsäule – dem Kreuzbein und dem Steißbein wahr?
- Wählen Sie ein Bein aus. Wo beginnt es – nach Ihrer Empfindung? Spüren Sie den Bodenkontakt der Hüfte und des Oberschenkels. Wie viel Abstand hat Ihr Knie zum Boden, wie gut nehmen Sie Ihre Wade wahr. Wie groß ist die Wölbung zwischen Unterschenkel und Ferse. Liegt die Ferse gut auf oder möchten Sie die Lage des Beines oder der Ferse oder beides ändern? Erspüren Sie nun noch – so gut es geht – die Fußsohle und die Zehen. Wie viel Zehen sind Ihnen bewusst – werden Ihnen bewusst?
- Vergleichen Sie nun auch hier beide Seiten und wenden Sie sich dem anderen Bein zu. Die Übung vollzieht sich bei dem zweiten Bein entsprechend.

Zweiter Teil

- Nehmen Sie nun noch einmal Ihre ganze Lage wahr. Schieben Sie dann die Bälle jeweils unter die am Anfang erfühlten Bereiche.
- Die Arme liegen neben dem Körper. Geben Sie nun ein wenig Spannung in einen Arm-Hand-Bereich. Geführt von den Fingerspitzen, hebt sich der Arm langsam Richtung Decke. Dort hält er inne, senkt sich dann noch langsamer – behutsam über den Kopf in Richtung Boden und legt sich dort ab.
- Seien Sie bitte vorsichtig und öffnen Sie Ihren Mundraum. Dies löst Spannungen.
- Der Arm wandert zum Boden. Halten Sie jeweils inne, wenn es schmerzt. Gehen Sie ein wenig mit dem Arm zurück und erst dann weiter. In der Ablage hat der Arm Bodenkontakt. Rücken Sie Ihren Arm gegebenenfalls ein wenig nach außen; er liegt dann schräg zum Körper (V-Lage). Bitte richten Sie sich immer nach Ihren Grenzen und Möglichkeiten. Haben Sie Geduld, mit der Zeit erwächst Ihnen Spielraum.

- Der zweite Arme folgt entsprechend.
- Falls ein Arm einschläft, verändern Sie die Lage bzw. heben Sie ihn Richtung Decke an.
- Beide Arme liegen eine kleine Weile über dem Kopf; Ihr Mundraum ist geöffnet, der Atem fließt (durch die Nase).
- Nun bringen Sie behutsam den ersten Arm wieder nach vorne neben den Körper, der zweite Arm folgt entsprechend. Die Arme liegen nun neben dem Körper.
  Wie liegen Sie nun?
- Nehmen Sie anschließend die Bälle behutsam heraus und spüren Sie Ihre Lage. Hat sich etwas verändert? Was?
  Vielleicht mögen Sie den Satz fortsetzen: »Ich bin jetzt wie ...«
- Gönnen Sie sich noch eine Weile zum Nachspüren und räkeln Sie sich dann vor dem Aufstehen gut, aber behutsam durch.

In voller Länge: die Wirbelsäule

Ausgangsposition:	Rückenlage
Hautwirkungsbereich:	Nacken-Wirbelsäule-Becken
Material:	2 daumendicke Bambusstäbe ca. 80 cm lang
Zeitdauer:	ca. 20 Minuten

Vor der Übung:

Stellen Sie sich aufrecht hin und nehmen Sie die beiden Bambusstäbe zur Hand. Halten Sie die Bambusstäbe jeweils links und rechts an die Wirbelsäule.

Die Stäbe beginnen am Hals-Schulterbereich. Sie liegen nicht unter oder am Kopf. Unten im Beckenbereich können die Stäbe ruhig überstehen.

Erster Teil

Legen Sie sich in der Rückenlage auf die Decke und legen Sie sich gegebenenfalls ein Kissen unter den Kopf. Die Bambusstäbe liegen in Reichweite, links und rechts neben Ihnen.

Spüren Sie sich in den Bodenkontakt ein, wie im 1. Teil der vorhergehenden Übung beschrieben.

Nachdem Sie Ihre Gesamtlage wahrgenommen haben, wendet sich Ihre Aufmerksamkeit der Wirbelsäule zu.

- Wo beginnt Ihre Wirbelsäule? Folgen Sie ihr vom Kopf bis zum Becken. Eine Hilfe sind dabei die Dornfortsätze Ihrer Wirbelsäule, die Sie mit der Hand am Rücken ertasten können. Nehmen Sie wahr, wo die Dornfortsätze den Boden berühren und wo sie Abstand vom Boden haben. Dadurch wird Ihnen die Lage Ihrer Wirbelsäule bewusster.
- Schieben Sie jetzt die Bambusstäbe unter sich und legen Sie diese nun links und rechts neben die Wirbelsäule, wie oben beschrieben.
  Die Wirbelsäule legt sich nun zwischen die beiden Stäbe ab.
  Achtung: Die Stäbe liegen nicht unter den Schulterblättern.
  Zur Kontrolle: Im Beckenbereich liegen die Stäbe ungefähr eine Faust breit auseinander.

Zweiter Teil

Legen Sie sich zwischen die Bambusstäbe bewusst ab. Vielleicht braucht der eine oder der andere Stab noch ein wenig Veränderung nach rechts oder links.

- Ziehen Sie dann langsam einen Fuß vor das Gesäß; das Bein ist nun aufgestellt.
- Spüren Sie Ihre Fußsohle und spüren Sie sich über die Sohle in den Boden ein. Geben Sie nun Kraft in den Fuß und verlängern Sie die Kraft in den Boden. Sie stoßen sich damit behutsam und nachgiebig im Boden ab, Ihr Becken und Ihre Wirbelsäule geben ebenfalls nach. Die Kraft ist nicht groß, strengen Sie sich nicht an. Auf keinen Fall unterwegs die Luft

anhalten! Nehmen Sie langsam die Kraft aus dem Fuß und legen Sie sich behutsam wieder ab. Wiederholen Sie diese Bewegung ruhig noch zweimal.

- Strecken Sie über die Ferse ihr Bein allmählich wieder aus und vergleichen Sie beide Seiten.
- Danach folgt das andere Bein entsprechend. – *Zeit zum Spüren* –
- Wenn das zweite Bein nach dem Ausstrecken eine kleine Pause zum Nachspüren hatte, ziehen Sie bitte nacheinander beide Beine über die Ferse vor das Gesäß. Die Beine sind aufgestellt, die Füße haben ungefähr schulterbreiten Abstand.
- Zuerst gibt ein Bein über den Fuß Kraft in den Boden und die entsprechende Körperseite gibt nach. Dann legt sich diese Seite wieder ab, das andere Bein gibt Kraft in den Boden und die dazugehörende Seite hebt sich langsam. Es folgt das Ablegen, und dann wird mit dem anderen Bein und Fuß die Bewegung fortgesetzt. Es entsteht ein behutsames, aber intensives Wechselspiel zwischen den beiden Seiten und den Füßen. Wenn es genug ist, lassen sie beide Beine ausrutschen und es klingt die Übung im Liegen nach.
- Anschließend nehmen Sie die Bambusstäbe vorsichtig heraus. – Haben Sie die Stäbe eigentlich noch gespürt? Sie bleiben auf dem Rücken liegen und gehen noch einmal den Bodenkontakt durch. Wie ist der Kontakt jetzt und wie empfinden Sie sich und besonders die Rückenlage?
- Nehmen Sie sich noch ein wenig Zeit und vergessen Sie nicht vor dem Aufstehen ihren Tonus durch Räkeln gut anzuregen.

Das Becken liegt auf dem Boden

Ausgangsposition:	Rückenlage
Hautwirkungsbereich:	Becken und Wirbelsäule, Leiste
Material:	keines
Zeitdauer:	15 – 20 Minuten

Erster Teil

Die Übung beginnt in der Rückenlage. Nehmen Sie diesmal die Arme etwas schräg vom Körper weg.

Beginnen Sie wieder mit Teil 1 der ersten Übung. Sie sorgen damit für einen guten Kontakt zum Boden hin. Achten Sie genau darauf, wie Ihr Rücken und Ihr Becken auf dem Boden aufliegen.

Zweiter Teil

Bitte üben Sie den ganzen Teil langsam, achtsam und überschreiten Sie nicht Ihre Grenzen. Nehmen Sie wahr, wie und wieweit Ihnen die Bewegung gut tut. Der Atem fließt während der ganzen Übung, »es atmet Sie«. Der Mundraum ist nicht gespannt, sondern gelöst und leicht geöffnet.

- Ziehen Sie nun ein Bein über die Ferse vor das Becken. Was verändert sich? Lassen Sie das Bein wieder ausrutschen. Wiederholen Sie die Übung noch 2- bis 3-mal und halten Sie dann inne. Vergleichen Sie die Beckenseiten und die Beine.
- Das andere Bein vollzieht nun dieselben Bewegungen. Danach gibt es für beide Beine eine kleine Pause.
- Nun ziehen Sie beide Beine nacheinander vor das Becken. Was verändert sich im Becken- und Rückenbereich? Wie viel Kontakt hat Ihr Rücken jetzt zum Boden. Lassen Sie die Beine ausgleiten und wiederholen Sie diesen letzten Übungsteil noch einmal. Achten Sie wieder auf die eventuellen Veränderungen im Rückenbereich.

Wichtig: Bei fast allen Eutonieübungen in der Rückenlage können Sie zwischendurch die Beine aufmerksam heranziehen und aufstellen. Dies ist für Menschen sinnvoll, die nicht sehr lange schmerzfrei auf dem Rücken liegen können.

- Beide Beine liegen wieder ausgestreckt. Ziehen Sie nun ein Bein gerade heran und stellen Sie es auf. Das Knie (es zeigt nach oben) wandert langsam nach außen, es sinkt zur Seite – so weit es Ihnen (!) möglich ist und gut tut. Ein bisschen Spannung darf ruhig auftreten. Dann gleitet der Fuß aus dieser Lage wieder nach unten, neben den anderen Fuß und nimmt das Bein mit. Das Bein liegt jetzt wieder in der Ausgangsstellung. Diesen Bewegungsablauf wiederholen sie noch 2- bis 3-mal. Zwischen zwei Bewegungsabläufen halten Sie kurz inne. Das Verweilen und Nachspüren ist in der Eutonie, genauso wie im Yoga, Bestandteil der Übung.
- - Nachdem das erste Bein diese Übung vollzogen hat und Sie beide Seiten vom Becken über die Leiste bis zu den Zehen im Ruhezustand verglichen haben, folgt entsprechend die Übung für die andere Seite. Denken Sie daran, dass die zweite Seite einerseits schon mitgeübt hat – sie hat erfahren was kommt -, die Aufmerksamkeit andererseits aufgrund dieses Vorwissens leichter abflacht.
- Am Ende der Übung liegen beide Beine nebeneinander. Nehmen Sie nun den Rücken-Becken-Leistenbereich noch einmal im Zusammenhang wahr und spüren Sie auch zum Kopf, zu den Armen mit den Händen und zu den Beinen mit den Füßen hin. Wie würden Sie Ihre gesamte Empfindung beschreiben?
  »Ich bin wie ...«, »Ich fühle mich als ob ...«, »Meine Lage ist ...«

Räkeln Sie sich nach einer Phase der Ruhe vor dem Aufstehen durch und stehen Sie bewusst. Gehen Sie dann die ersten Schritte; achten Sie auf Ihr Becken und Ihre Leiste. Machen Sie aber nichts.

Zur Weiterarbeit

Wenn Sie die vorhergehenden Übungen durcharbeiten wollen, lassen Sie sich die Übungen vorlesen oder sprechen Sie sie mit Pausen auf eine Musikkassette. Sie können sich auch hinlegen und die Übung mit dem Buch in der Hand abschnittsweise durcharbeiten. Dies hat den Vorteil, dass Sie die Übung selbst erarbeiten, Ihr Tempo bestimmen und Missverständnisse und Unklarheiten am eigenen Leib erfahren.

Es gibt auch eine CD mit drei Eutonieübungen (»Eutonische Übungen zum Herzensgebet«, siehe Literaturhinweise S. 133) mit Musik zwischen den Übungen. Es sind andere Übungen als die hier beschriebenen. Sie eignen sich auch gut als Einstieg.

Eutonie mit Kindern

Wenn Kinder Eutonie üben, dann üben sie unbewusster, aber nicht weniger aufmerksam als Erwachsene. Sie bedenken die Übungen nicht und das Ziel der Übung ist ihnen unwichtig oder gar fremd. Kurz gesagt, Kinder üben spielerisch und die Wirkungen der Eutonie entfalten sich wie im Spiel. Deshalb kann jeder Anleitende mit Kindern neue Übungen entdecken und erfinden, da Kinder in dieser Hinsicht sehr anregend sind. Kinder erleben Eutonie umfassend, am wenigsten aber über den Verstand.

Verwechseln Sie deshalb bitte Bewusstheit nicht mit Verstehen, Kinder müssen Übungen nicht immer verstehen.

Es ist ausgezeichnet, wenn Kinder die Übungen leben, wenn sie in der Übung sind. Kinder sind, wenn sie es sein dürfen, in einer guten Spannung. Sie sind dann aus sich heraus eutonisch. Eutonieübungen möchten dies bewirken und fördern. Im Erleben erwächst den Kindern so umfassend »Selbst-bewusst-Sein«.

Die Übungen mit Pinocchio, Pu, MiniLisa und dem kleinen dicken Ritter bauen aufeinander auf. Es ist nicht sinnvoll, mit den Ritterübungen anzufangen. Allerdings müssen auch nicht alle Übungen nacheinander erfolgen. Am besten ist es, anfangs aus jedem Übungsteil jeweils einige Geschichten zu erzählen. Bei geübten Kindern spielt die Reihenfolge keine Rolle mehr.

Jede Geschichte beginnt mit dem Einspüren, also mit dem Fühlen des Bodenkontaktes. Die Zeit für das Einspüren hängt von der Erfahrung, der Geduld der Kinder und der Geschichte ab.

Das Aufstehen nach einer Geschichte geschieht immer langsam und bewusst und nie plötzlich, selbst wenn mal eine Geschichte abgebrochen werden sollte. Erst räkeln sich die Kinder durch und regen den Kreislauf an, der sich der liegenden Position angepasst hat. Lassen Sie auch viel Gähnen (ohne Hand vor dem Mund) zu, dies entspannt.

Wichtig: Bitte denken sie daran, dass Kinder und Erwachsene bei den Eutonieübungen die Schuhe immer ausgezogen haben.

Erleben heißt verstehen

Die Veränderung, die sich für mich in der Eutonie mit Kindern ergeben hat, liegt nicht in einer Veränderung der Eutonie selbst, sondern in der Anleitungsform.

Ich erzähle den Kindern eine Geschichte, die von einer bekannten Figur handelt, mit der sie sich identifizieren können. In diesem Buch sind es vier Figuren: MiniLisa, Pinocchio, Pu und der kleine dicke Ritter.

Die Kinder üben also Eutonie, indem sie jeweils eine dieser Figuren *sind*. Das Kind ist also Pu oder MiniLisa.

Pu oder MiniLisa erleben eine eutonische Übung, die mehr oder weniger aus deren »Leben« gegriffen ist.

Eutonie wird also nicht direkt angeleitet, sondern mit der Identifikationsfigur erlebt. Genauso behutsam, wie sich Pinocchio bewegen lernt, bewegt sich das Kind.

Auf der einen Seite erlebt sich das Kind also selbst, auf der anderen Seite die Figur, z.B. MiniLisa. Da das Kind in seiner eigenen Wahrnehmung aber beide Wesen ist, hat es die Möglichkeit, sowohl direkt wie indirekt Eutonie zu üben. Wer mehr Abstand braucht oder sucht, übt einfach nur als Pinocchio. Zumeist wird das Kind jedoch die Geschichte sowohl direkt »selbst« als auch als Pinocchio erleben.

Eutonie mit Identifikationsfiguren ist also Eutonie mit Unterstützung einer Geschichte, in der Kinder diese Figur, wie zum Beispiel Pu, als »Pu-Normal« erleben.

Alle Übungsanleitungen sind in die Geschichte integriert und ergeben sich aus dem Inhalt der Geschichte. Auf einer gewissen Ebene sind Eutoniegeschichten Erzählungen mit Bewegung, Fantasie und Einfühlungsvermögen.

Ich habe also nicht mehr getan, als in der Literatur nach Figuren gesucht, die Kinder zu Leiberfahrungen einladen. Wo es dies nicht gab, habe ich die Figuren erfunden.

Die sechs Erfahrungsfelder

Bei der Arbeit mit Kindern liegt mein Schwerpunkt auf sechs Erfahrungsfeldern: Einfühlung und Wahrnehmung, Achtsamkeit und Neugier, Sammlung und Heilung.

Jede Eutonieübung enthält die Einladung zum Fühlen und zum Wahrnehmen. Dies ist nur scheinbar selbstverständlich, denn wo wird das Kind sonst ermutigt, sich im Fühlen und Wahrnehmen ernst zu nehmen. Ich bin sicher, dass diese Kindheitserfahrungen Männer und Frauen heranwachsen lässt, die zu ihren Empfindungen stehen, sie klären und leben. Nur wer sich fühlen und wahrnehmen kann, kann auch in einem tieferen Sinne Ja zu sich selbst sagen und sich annehmen. Da Annehmen am wenigsten ein kognitiver Vorgang, sondern ein ganzheitliches Geschehen ist (ich kann mich lieben und werde geliebt), lässt Eutonie mit Kindern Annahme leibhaftig geschehen.

In der Berührung mit dem Boden, mit den Bällen, mit der Wand oder mit Holz wird die Neugier geweckt: Was geschieht nun? Wie fühlt sich dies an? Spüre ich die Filzbälle noch?

Unterschätzen Sie – als Anleitende – diese kleinen Dinge nicht. Es ist sinnvoll, die Neugier an alltäglichen Dingen zu schulen. Wer neugierig ist, kann auch staunen. Und wer noch staunen kann, behält die Ehrfurcht vor den kleinen und großen Dingen des Lebens.

Neugier fördert die Aufmerksamkeit, Aufmerksamkeit schult die Achtsamkeit. Die Achtsamkeit gegenüber der eigenen Person ist die Voraussetzung für jede Achtsamkeit gegenüber anderen Geschöpfen, ja gegenüber allem Leben und der Schöpfung selbst.

Eutonie wirkt sich also im Alltäglichen aus. Nicht zuletzt wird dies durch eine Konzentrationssteigerung des Kindes deutlich. Ich nenne diese Konzentrationssteigerung lieber Sammlung, da sich Konzentration nicht nur auf der intellektuellen Ebene abspielt. Sammlung ist ein umfassender Begriff, der die Zentrierung von Leib, Seele und Geist beschreibt. Kindern fällt es oft schwer, bei einer Sache zu bleiben; deshalb bauen Sie die Sammlung bitte langsam auf.

Nicht zuletzt heilt Eutonie auf vielen Ebenen. Körperliche Handicaps bessern sich oder heilen gar aus, die Beweglichkeit nimmt zu, »Selbst-bewusst-Sein« wächst, die eutonische Bewegung hat eine eigene zwanglose Ausstrahlung.

Weitere Eutonie-Einsatzmöglichkeiten sehe ich bei den Aufmerksamkeitsdefizitsyndromen, egal ob sie sich als Unterspannung, Hyperaktivität oder als »Träumen« ausdrücken.

Äußere Bedingungen

Es gibt sehr unterschiedliche Kinder, aber es gibt kaum Kinder, die grundsätzlich nicht Eutonie üben sollen. Vielleicht gibt es das eine oder andere Krankheitsbild bei dem (zeitweise) keine Eutonie geübt werden darf. Dies müsste im Einzelfall abgeklärt werden. Eutonie tut aber allen uneingeschränkt gut. Manche Kinder können sich jedoch so schlecht auf sich einstellen, dass Einzelarbeit sinnvoll und nötig ist.

Ich selbst würde die Gruppengröße immer von den tatsächlich teilnehmenden Kindern abhängig machen. Manchmal kann ich mit einer kleinen Schulklasse (20) arbeiten, manchmal sind 12 Kinder eher schon viel. Zu wenig Kinder (unter 7) sollten es aber auch nicht sein, außer es handelt sich um eine bewusst geplante Kleingruppe.

Achten Sie darauf, dass die Kinder im Übungsraum genug Abstand voneinander haben können. Dies erleichtert die Arbeit, da so kleine Stöße und Schläge und andere, »nettere«, Kontaktaufnahmen eingeschränkt sind.

Noch ein Hinweis zum Material. Wenn Sie Gegenstände austeilen, dann geben Sie den Kindern ruhig etwas Spielraum und Zeit, das Material zu berühren und zu begutachten. Dies muss erlaubt sein, sonst verschwindet die Neugier oder die Dinge fliegen durch den Raum. Vereinbaren Sie aber auch Regeln für den Umgang mit dem Material, die Sie gegebenenfalls durchsetzen, sonst müssen Sie mit zu vielen Störungen arbeiten.

Manches Hilfsmaterial, das für Erwachsene geeignet ist, ist für Kinder zu groß. Ich nehme zum Beispiel für die Kinder lieber Filzbälle als Tennisbälle. Filzbälle (Literatur dazu im Fachhandel) können sie in einer eigenen Projektphase mit Kindern gut herstellen. Alternativ habe ich fest aufgerollte Wollknäuel ungefähr in der Größe eines Tennisballs benutzt. Wenn diese Wollknäuel (echte Wolle) nass gemacht und ein bisschen gezupft werden, entsteht so etwas Ähnliches wie ein Filzball.

Oder ich halbiere gebrauchte Tennisbälle mit dem Messer und benutze die beiden Rundhälften.

Die Zeit einer Übung hängt von der Übung, von Ihnen selbst (der/dem Anleitenden) und von den Kindern ab. Nach einer Zeit der Einübung können die Übungen länger werden, berücksichtigen Sie aber immer auch die Grundverfassung der Gruppe. Am Anfang sind zehn Minuten schon eine gute Zeit.

Zur Raumgestaltung

Die Raumfrage beschränkt sich nicht nur auf den Platz, den Kinder zum Liegen haben sollten.

Zwar ist nicht jeder Gymnastikraum im Kindergarten oder in der Schule von vorneherein ungeeignet, einladender sehen aber häufig fast leere normale Räume mit Teppich oder Holzboden aus. Die Kinder können im Kreis, um eine gestaltete Mitte liegen. Dies können beispielsweise ein Tuch oder Blumen sein oder ein Korb mit den Materialien für die Stunde oder ein Pu-Bär oder eine Pinocchio-Marionette. Kerzen sind nicht empfehlenswert. Eine Ausrichtung im Rechteck oder längs ist auch möglich. Achten Sie bitte auf Bewegungsfreiheit.

Kinder brauchen eineinhalb Meter in der Breite (s.o.) und zwei Meter in der Länge, also mehr Platz als die Erwachsenen. Der Raum muss nicht unbedingt abgedunkelt werden können, aber Vorhänge, die vor blendender Sonne und neugierigen Blicken schützen, sind hilfreich.

Noch zwei Aspekte sollten berücksichtigt werden. Stellen Sie für alle Fälle einen Tonträger (CD-Spieler) in den Raum. Obwohl ich eigentlich kein Freund von Musik beim Ausklingen der Übung bin, hat sich dies manchmal sowohl beim Einstimmen wie beim Nachspüren als hilfreich erwiesen.

Manche Kinder können stilles Liegen einfach nicht aushalten, hier gibt ihnen dann die Musik Halt. Mit der Zeit kann die Musik dann zurückgenommen werden. Die Anleitung unterlege ich niemals mit Musik, dies stört nur und lenkt ab.

Im selben Raum sollte auch Gestaltungsarbeit, wie tönen, malen, klingen und Tonarbeiten möglich sein. Unterlagen, beispielsweise Holzbretter, können im Raum deponiert sein.

Wie werden die Übungen angeleitet?

Eutonische Übungen sollten vom Übungsleiter persönlich so gut durchgearbeitet sein, dass sie möglichst frei angeleitet werden können. Dies gilt auch für Eutoniegeschichten. Sie können, wenn Sie frei anleiten, angemessen und förderlich auf die Kinder reagieren. Dieses Reagieren ist hilfreich, um zu korrigieren und zu verändern, wenn in der Geschichte etwas schräg oder gar falsch verstanden wurde. Sie können dann in der Geschichte sofort etwas wiederholen, wenn es nicht alle Kinder verstanden haben.

Sie sagen beispielsweise: »Die Arme liegen neben Pu.« Nicht alle Kinder haben dies jetzt mitgemacht und Sie wiederholen: »Pu ruht sich aus und die Arme hat er dicht neben sich gelegt.«

Daraus folgt auch, dass eine Anleitung nie der anderen entspricht. Es ergeben sich durch Raum, Gruppe und eigene Befindlichkeit immer kleine Veränderungen.

Allerdings können Sie Sachen nur verändern, die Sie gut durchgearbeitet und für die Sie ein eigenes Körpergefühl haben. Deshalb lade ich Sie noch einmal ein: Üben Sie selbst Eutonie!

Aus den Veränderungen und Varianten erwachsen situativ und/oder überlegt Ergänzungen. Auch dies ist gut und sinnvoll. Wie oft habe ich Geschichten während der Anleitung erweitert, verändert und auch umgebaut. Die Anregungen in diesem Buch sind so etwas wie das Gerüst. Füllen Sie dieses Grundgerüst immer wieder neu und selbstständig.

Noch ein Wort zur Stimme bei der Anleitung. Eutonie wird mit der normalen, natürlichen Stimme angeleitet. Es ist wohltuend, wenn die Stimme wach, lebendig und engagiert ist. Eine so genannte meditative oder sonore oder gar monotone Stimme fördert eher das Einschlafen als die Achtsamkeit. Die Stimme darf und soll Spannung haben und dies hat sie am ehesten, wenn sie natürlich bleibt.

Regeln schützen und unterstützen

Manche Übungen brauchen viel Disziplin, manche weniger. So ist beispielsweise die Übung »Pu ist ein Käfer« für unruhige Kinder leichter als manch andere Übung. Stockkämpfe dagegen setzen Disziplin, also die Einhaltung von Regeln, voraus.

Geschieht dies nicht, liegt nicht nur eine Störung vor, sondern viele Übungen sind nicht durchführbar.

Generell ist die Freiwilligkeit eine gute Arbeitshilfe, aber in der Schule und manchmal auch im Kindergarten nicht durchzuhalten. Trotzdem würde ich nie jemanden zu einer Übung zwingen, sondern wirklich nur einladen. Wer dann nicht will, für den gelten andere Regeln. Das Kind kann sich dann im selben Raum mit einer anderen, nicht störenden Aufgabe beschäftigen.

Wer allerdings die Übung generell stört und nicht zu integrieren ist, der kann sich dann durchaus in einer anderen Klasse oder einer anderen Kindergartengruppe beschäftigen. Ich möchte nicht mit Strafen arbeiten, aber mir andererseits auch nicht die Arbeit stören lassen. Hier helfen klare Regeln.

Manchmal schlafen Kinder während einer Übung ein. Meist ist dies auf Entspannung zurückzuführen. Ich wecke Kinder, die eingeschlafen sind, so gut wie nie während der Übung auf. Der Eutonie-Schlaf erfrischt und die Kinder üben oft unbewusst mit. Außerdem kann der Schlaf ein wichtiger Schutz vor zu viel Intensität sein. Fast immer werden Kinder während oder am Ende einer Geschichte wach. Innerhalb einer Geschichte schaffe ich für die wachgewordenen Kinder einen neuen Einstieg. Wer am Ende immer noch schläft, wird behutsam angesprochen, damit er nicht erschrickt.

Tönen, kneten, malen: Ausdrucksformen

In der Eutonie gehört der Ausdruck der Erfahrung nicht jedes Mal zur Übung, ist aber als begleitender Prozess und Weg hilfreich. Zum einen können nach einiger Zeit die Erfahrungen (wie verändern sich Figuren) verglichen werden, zum anderen bedarf intensive Körperarbeit oft eines besonderen Ausdrucks. Leiberfahrungen sind nämlich sprachlich nicht immer vermittelbar. Emotion und innere Wahrnehmung sind eher ein nicht sprachlicher Eindruck. Die Gestaltung erleichtert es, für Erfahrungen Worte zu finden. Dies gilt für Erwachsene und noch mehr für Kinder.

Nun kann es sein, dass Kinder sich indirekt durch ihre Identifikationsfigur (also zum Beispiel Pu) gestalten oder dass sie sich direkt selbst gestalten. Beides ist möglich und sinnvoll.

Es ist wichtig, dass Bilder und Tonarbeiten durch offene und doch konkrete Fragen angeleitet werden. In den Übungen sind manchmal Anregungen enthalten. Vermeiden Sie Fragen, wie beispielsweise: »Drückt aus, wie ihr euch fühlt.« Diese Fragen sind für Kinder selten verständlich.

Welche Gestaltungsformen gibt es:

- Bei manchen Übungen sind Menschen so angespannt, dass das *Tönen* die innere Spannung löst. Suchen Sie für die Vokale a, e, i, o oder u den Resonanzraum in Ihrem Leib und lassen Sie den Ton erklingen. Auch wenn Sie dies nur leise können, trauen Sie sich ruhig. Mit der Zeit tönen Sie mit mehr Volumen. Kinder lassen ausgesprochen gerne die Vokale erklingen.
- In der Einleitung war von der Entdeckung des inneren Körperbildes die Rede. Dieses Körperbild lässt sich durch Tonarbeiten ausdrücken oder auch mit weichen guten Pastellkreiden malen. Für Kinder im

Kindergartenalter ist der Ausdruck der eigenen Erfahrung gestalterisch nicht einfach. Ermutigen Sie die Kinder, sich selbst bei der Übung zu malen oder sich in Ton auszudrücken. Kleinere Kinder können mit offenen Augen arbeiten oder ab und zu auf ihr Werk schauen. Große Kinder sollten die Augen schließen.

- Eine weitere Vertiefungsform ist das Arbeiten mit Klangschalen. Vor den Kindern stehen mehrere Klangschalen. Die Kinder suchen sich den Klang aus, der ihrem Körpergefühl entspricht. Dazu probieren sie, wie die Schalen klingen. Wenn sie den richtigen Ton gefunden haben, merken die Kinder sich die Schale und den Schlegel. Unterschiedliche Schlegel verändern nämlich den Klang. In der Gruppe schlagen dann die Kinder nacheinander »ihre« Schale an. Falls der Ton beim ersten Mal nicht »richtig« kommt, dürfen sie ruhig mehrmals anschlagen, bis der Klang ihrer Empfindung entspricht.

Für das Malen (DIN-A3) und die Tonarbeiten sind Unterlagen zweckmäßig.
Ein Tipp zum Nachahmen: Von einer Kantine habe ich mir alte flache Tabletts besorgt. Durch den leicht erhöhten Rand bleiben Ton und Wachsmalreste auf dem Tablett und verschmutzen den Teppichboden nicht.

Die Pinocchio-Reihe

Zur Pinocchio-Reihe

Pinocchio ist eine Kinderbuchfigur, die aus Holz geschnitzt ist. Sie erwacht zum Leben und ist immer ein wenig hölzern und steif. Das Buch selbst ist erzieherisch problematisch gestaltet, denn wenn Pinocchio nicht brav ist, dann ...

Diesen Aspekt des Buches nehme ich nicht auf. Mich interessiert das Gegenteil: wie kann Pinocchio zu erfülltem Leben erwachen.

Dies möchte ich auch mit der eutonischen Pinocchio-Reihe bei den Kindern bewirken.

Für diese Reihe muss Pinocchio den Kindern bekannt sein oder bekannt gemacht werden. Das Buch kann – abschnittsweise – vorgelesen oder erzählt werden.

Dazu empfehle ich nicht das alte Buch über Pinocchio, sondern: Der neue Pinocchio von Christiane Nöstlinger und Nikolaus Heidelbach (siehe Literaturhinweise S. 133)

Ebenso hilfreich und schön ist eine Holzfigur des Pinocchios, die auch die Mitte des Raumes bereichern kann.

Ich nehme gerne eine Marionette des Pinocchio mit zu den Kindern, da mit der Marionette auch die Bewegungen nachvollzogen werden können. Je mehr Fäden die Marionette hat, desto interessanter und vielfältiger sind die Bewegungsmöglichkeiten.

Schwerpunkte der Geschichten sind Grundkontakt, Wirbelsäule und Beckenbereich, Hautwahrnehmung, Aufrichten, Stehen und Gehen.

Die Luft berühren

Kanon für zwei Stimmen

Text und Musik: Siegfried Macht

Pinocchio fühlt sich zum ersten Mal

Zur Übung:	Die Kinder spüren den ersten Bodenkontakt und bewegen sich ganz wenig. Berührung ist eine heilsame Erfahrung. Eutonie fördert, dass der Mensch sich berühren lässt, berührt wird und Berührung erlebt. Ein kleines Kind wird ohne Berührung krank, aber nicht nur das Kind braucht Berührung.
Ausgangsposition:	Rückenlage
Material:	Decke bzw. Kissen als Unterlage
Zeitdauer:	10 Minuten

Liebe Kinder,

ihr kennt nun Pinocchio. Jetzt könnt ihr selbst Pinocchio sein. Legt euch wie die Pinocchio-Puppe auf den Boden.

Pinocchio kann sich noch nicht bewegen. Er liegt einfach nur da. Er liegt auf dem Boden und spürt den Boden unter sich.

Pinocchio spürt zum ersten Mal den Boden, ja, er spürt zum ersten Mal überhaupt etwas.

Er spürt den Kopf auf dem Boden. – *Zeit zum Spüren* –

Er spürt den einen Arm, der den Boden berührt und die Hand und den kleinen Finger. Dann spürt er auch hier alle weiteren Finger.

Genauso spürt er den anderen Arm, die Hand und nacheinander die Finger.

Er spürt auch seinen Holzrücken bis zum Po. Wie fühlt sich dort der Boden an?

Er spürt seine Beine. Er spürt ein Bein nach dem anderen.

Und die Füße spürt er auch, erst die eine Seite, dann die andere Seite.

Sogar die Fußsohlen spürt er ein ganz klein wenig. Kribbeln sie?

So liegt nun Pinocchio und mit dem Spüren zieht Leben in ihn ein.

Oh, er kann sich sogar ein wenig bewegen, aber heute nur mit den Fingerspitzen. Er fühlt dort hin.

In den Fingern beginnt die Bewegung und dann kommt auch die lange Nase dazu. Hat sie nicht gerade ein wenig gezuckt? –

Pinocchio staunt, was er alles spürt. Einen Moment bleibt er ganz ruhig liegen. Am liebsten möchte er allen erzählen, was er gespürt hat. Aber das kann er noch nicht. –

Liebe Kinder, wenn ihr genug gespürt habt, dürft ihr euch wieder mehr bewegen. Räkelt euch und gähnt herzhaft und setzt euch dann gemütlich auf.

Wie viel vom Boden habt ihr gespürt? Welcher Körperteil war bei dir am besten zum Bodenfühlen geeignet?

Pinocchio bewegt sich

Diese Übung findet sich auf der CD »Hellwach und entspannt«.

Zur Übung:	Pinocchio bewegt erstmals sanft alle Gliedmaßen. Die Kinder erleben, wie Bewegung geschieht. Die Verlangsamung fördert die Wahrnehmung, und so werden Bewegungen wieder bewusst, die sonst automatisch geschehen.
Ausgangsposition:	Rückenlage
Material:	Decke bzw. Kissen als Unterlage
Zeitdauer:	10 – 15 Minuten

Liebe Kinder,

Pinocchio liegt auf dem Boden. Er konnte (gestern) schon ein wenig die Fingerspitzen bewegen. Heute fühlt er sich immer noch ganz steif.

Er liegt fest auf dem Boden. Aber er beginnt, sich zu spüren.

Allmählich spürt er den Kopf. Ganz langsam versucht er, den Kopf in eine Richtung zu drehen. Er bewegt den Kopf nur ganz wenig. Pinocchio hat seinen Holzkopf noch nie bewegt, er ist also vorsichtig.

Dann dreht er den Kopf in die andere Richtung; auch hier bewegt er sich nur ein ganz klein wenig.

Pinocchio probiert seinen Spielraum aus, mal (ein paar Millimeter) zur einen Seite, dann zur anderen Seite.

Schließlich probiert er etwas ganz Neues aus: Er will den Kopf heben. Zuerst stellt er sich vor, wie das geht. Dann hebt er den Kopf sehr wenig, etwa einen fingerdick hoch. Beim Anheben des Holzkopfes bewegt sich zum ersten Mal der Hals. Pinocchio ist sehr vorsichtig mit seinem Hals und bewegt den Kopf langsam nach oben.

Pinocchio wundert sich: Sein Kopf ist schwer, richtig schwer. Beinahe wäre der Kopf wieder auf den Boden geplumpst, aber gerade noch rechtzeitig legt Pinocchio seinen Kopf sanft auf den Boden.

Er braucht eine kleine Pause. – *Zeit zum Spüren* –

Dann entdeckt er einen Arm. Erst spürt er nur eine Seite und versucht, diese Seite anzuheben. Es ist gar nicht so einfach, den Arm zum ersten Mal zu bewegen. Pinocchio versucht es behutsam. Wo beginnt die Bewegung, wie setzt sie sich fort? Der Arm hebt sich ein paar Zentimeter vom Boden, vielleicht zwei Finger hoch, seine Hand und die Finger folgen. Dann legt sich der Arm mit der Hand auf den Boden zurück. Nach einer Pause macht Pinocchio diese Bewegung noch einmal.

Nun liegen beide Arme wieder auf dem Boden. Sind sie unterschiedlich oder sind sie ähnlich? Ist ein Arm etwa anders?

Der zweite Arm wartet schon. Er ist ganz neugierig, wie er sich bewegen kann. Pinocchio hebt auch ihn langsam hoch. Zwei fingerbreit über dem Boden hält er inne und legt den Arm wieder ab. Auch diesen Arm hebt Pinocchio zweimal. Er will ganz sicher sein, dass der Arm sich bewegen kann.

Wieder braucht Pinocchio eine kleine Pause.

Dann spürt er seinen Rücken als eine große Fläche. Sein Rücken liegt fest auf. Heute lässt Pinocchio ihn noch ruhig liegen. Er probiert erst einmal seine Beine und Füße aus.

Er wählt ein Bein aus und wackelt – wieder ganz langsam – nacheinander mit jedem Zeh. Oh, dies geht nicht so einfach! Manche Zehen mögen sich gar nicht gut alleine bewegen. Sie wackeln zusammen.

Danach dreht Pinocchio den Fuß. Erst dreht er ihn in die eine Richtung und dann in die andere Richtung.

Schließlich hebt er ganz vorsichtig das ganze Bein fingerbreit vom Boden. Pinocchio ist neugierig. Wo beginnt die Bewegung? Wie schwer ist das Bein? Wie langsam kann Pinocchio das Bein wieder hinlegen?

Pinocchio vergleicht beide Füße, Zehen und Beine. Dann beginnt er, das zweite Bein zu erkunden. Er bewegt Zeh für Zeh. Er dreht den Fuß, ja er dreht behutsam den Fuß (nach rechts und links). Schließlich hebt er langsam das zweite Bein hoch und legt es dann wieder hin. Noch einmal spürt er beide Beine nacheinander.

So liegt er nun auf dem Boden und empfindet noch einmal:

Die erste Bewegung des Kopfes, die ersten Bewegungen der Arme und die Bewegungen der Füße und Beine.

Pinocchio ruht sich nun aus, er bleibt noch eine Weile liegen. *– Zeit zum Spüren –*

Liebe Kinder,

ihr seid jetzt nicht mehr Pinocchio. Spürt euch selbst. Wie geht es euch? Vielleicht könnt ihr meinen Satz fortsetzen: »Ich fühle mich, wie...«

Räkelt euch nun gut durch und steht behutsam auf.

Pinocchio bewegt den Rücken, mit der Beckenkippe

Zur Übung:	Der Körper wird in den einzelnen Bereichen wahrgenommen, der Rücken kommt dazu. Die Beckenkippe ist in diese Übung eingebaut. Diese Beckenkippe ist auch bei leichten Schmerzen im Rücken sehr heilsam und wohltuend. In solchen Situationen sollte man sehr vorsichtig sein und nicht gegen den Schmerz üben.
Ausgangsposition:	Rückenlage
Material:	Decke bzw. Kissen als Unterlage, eventuell ein Korb mit Äpfeln
Zeitdauer:	10 – 12 Minuten
Zur Anleitung:	Die Beckenkippe muss von den Anleitenden selbst geübt und beherrscht werden.

Liebe Kinder,

Pinocchio liegt immer noch auf dem Rücken. Er hat alle Körperbereiche das letzte Mal leicht bewegt. Heute möchte er den Rücken bewegen. Er liegt (wie) auf einer weichen nachgiebigen Wiese unter einem Apfelbaum.

Als Erstes hebt er vorsichtig noch einmal alle Gliedmaßen an.

Den Kopf hebt er einen fingerbreit und legt ihn genauso wieder ab.

Er hebt sanft *eine* Schulter zum Himmel und dann folgt der Arm und die Hand. Die Hand hebt sich nur einen fingerbreit vom Boden. Dann hebt er die zweite Schulter, den Arm und die Hand ein wenig vom Boden.

Den Rücken spürt Pinocchio vorerst nur und ebenso die Auflage des Pos. Der Holzrücken und der Holzpo liegen fest auf. Gleich will Pinocchio sie zum ersten Mal bewegen.

Jetzt probiert er erst einmal auf einer Seite nacheinander alle Zehen. Dann stellt Pinocchio sich Folgendes vor: Es fasst jemand mit der Hand unter die Ferse und hebt das Bein zwei fingerbreit hoch. Wie geht es? Pinocchio ist erstaunt. Er kann das Bein anheben und sogar ein wenig nach rechts und links schwingen. Aber Vorsicht! Das Holzbein ist noch nicht sehr beweglich. Pinocchio versucht zu entdecken, wo das Bein sich bewegt, wenn er es nach links und rechts schwingt. Dann legt er das Bein ab und vergleicht beide Beine.

Pinocchio bewegt nun genauso vorsichtig das andere Bein. Erst bewegt er die Zehen – möglichst nacheinander. Dann hebt er auch hier das Bein und bewegt es ein wenig nach links und rechts. Pinocchio versucht zu entdecken, wo das Bein sich bewegt. Er legt auch dieses Bein wieder ab. *– Zeit zum Spüren –*

Nun liegt Pinocchio auf dem Boden und spürt seinen Rücken. Von dem Apfelbaum fällt ihm ein kleiner Apfel sachte auf den Bauch. Pinocchio spürt den Apfel. Und er möchte, dass dieser Apfel zu seiner Nase rollt. Er kippt ganz wenig sein Becken und sein Rücken liegt flach auf dem Boden. Der Apfel rollt ein wenig Richtung Nase. Da kippt Pinocchio den Rücken in die andere Richtung, der Apfel rollt fast durch die Beine und unter dem Rücken ist viel Platz. Der Rücken bildet einen Bogen. Pinocchio fühlt mit der Hand nach. Das Spiel gefällt ihm.

Rollt der Apfel fast durch die Beine, kippt er das Becken so, dass seine Hand unter den Rücken passt. Dann kippt er wieder Richtung Nase und der Rücken ist ganz flach auf dem Boden. Seine Hand passt nicht zwischen Rücken und Boden. Pinocchio probiert die Bewegung noch ein paar Mal vorsichtig aus, damit dem Holzrücken ja nichts geschieht. Langsam, aber sicher, kann er seinen ganzen Rücken bewegen. Beim letzten Mal rollt der Apfel vom Bauch herunter. Dann macht er für heute Schluss. Pinocchio liegt auf dem Boden und ruht sich aus. – *Zeit zum Spüren* –

(Der/die Anleitende geht herum und legt neben jedes Kind einen Apfel.)

Liebe Kinder,

die Geschichte ist nun zu Ende. Räkelt euch gut durch und steht behutsam auf.

Erzählt, was ihr erlebt habt. – *Zeit zum Spüren* –

Wenn ihr mögt, könnt ihr jetzt den Apfel essen.

Pinocchio nimmt den Atem wahr und hört sein Herz

Zur Übung: Die Kinder nehmen ihren Atem wahr, beeinflussen ihn jedoch *nicht.* Sie fühlen den Herzschlag bzw. den Puls, sie nehmen elementaren Bezug zu sich selbst und damit zu ihrer Lebensenergie auf.

Ausgangsposition: Rückenlage, vielleicht Wechsel in die Bauchlage

Material: Decke mit Kissen als Unterlage, besonders für die Bauchlage

Zeitdauer: 10 – 15 Minuten

Zur Anleitung: Die Übung sollte anfangs in zwei Teilen durchgeführt werden, dann folgt die Erkundung des Herzschlages in einer zweiten Übung. Manchen Kindern fällt das Hören des Herzens in der Bauchlage leichter. Der Boden ist dann der Widerstand. Für manche Kinder ist der Pulsschlag im Kopf mit dem Kopf zur Seite (aus der Bauchlage) auch gut zu spüren. Wie auch immer Sie die Übung anleiten, Sie entscheiden nach Ihrer Gruppe und eventuell auch aus der Situation. Sie müssen dann die Geschichte entsprechend verändern.

Liebe Kinder,

seit ein paar Tagen kann Pinocchio sich bewegen. Er hat alle Gliedmaßen und alle Gelenke bewegt. Er hat gefühlt, wie schwer sein Kopf und wie beweglich seine Wirbelsäule (der Rücken) ist.

Heute liegt Pinocchio noch ruhig und fest auf dem Boden. Er fragt sich: Bewegt sich auch in mir etwas? Und er ist ganz leise und hört in sich hinein.

Da klopft doch etwas in ihm, hört er es oder spürt er es? – *Zeit zum Spüren* –

Er fühlt noch einmal, ob und wo er etwas hört. – *Zeit zum Spüren* –

Dann legt Pinocchio die Hand auf diese Stelle, wo er etwas spürt oder hört. Er fühlt, ob da wirklich etwas klopft. Manchmal spürt er etwas mehr, manchmal fast gar nichts. – *Zeit zum Spüren* –

Pinocchio hat nun die Hand auf oder an der linken Brust liegen. Eventuell muss dies den Kindern (durch Berührung) gezeigt werden.

In diesem Bereich klopft das Herz. Pinocchio möchte dieses Herzklopfen fühlen. – *Zeit zum Spüren* –

Zur Anleitung: 1. Bitte beachten Sie, dass Sie mit diesem letzten Satz alle Kinder wieder zu einem gemeinsamen Punkt führen. Manche Kinder haben vielleicht den Puls gespürt und dorthin – an das Handgelenk oder die Schläfe – ihre Finger gelegt. 2. Beachten Sie ebenfalls, dass viele Kinder nicht rechts oder links unterscheiden können. Die Kinder legen dann einfach die Hand auf die Brust und fühlen, auf welcher Seite es klopft.

Dann nimmt Pinocchio die Hand weg und versucht, das Herzklopfen so zu spüren. Oder kann er es sogar hören? – *Zeit zum Spüren* –

Anschließend nimmt er sich die Zeit und legt eine Hand auf die Schläfe, also die Stirn. Kann er dort den Rhythmus des Herzens spüren? Ja, der Puls dort entspricht dem Herzschlag. – *Zeit zum Spüren* –

Das Handgelenk ertastet er mit der anderen Hand. Auch dort ist im Puls der Herzschlag zu fühlen. – *Zeit zum Spüren* –

Pinocchio staunt. Er ist auch innen ganz lebendig.

Zur Anleitung: Hier kann die Geschichte ausklingen. Der 2. Teil wird dann später mit einem kurzen Hinweis, der den Grundkontakt herstellt und vertieft, gesondert erzählt.

Wieder liegt Pinocchio ruhig und spürt, dass sich etwas in ihm bewegt oder besser, dass er von innen heraus bewegt wird. Sein Atem bewegt ihn. Er atmet durch die Nase und spürt die Luft. Wieweit kann er der Atemluft nach innen folgen? Wieweit spürte er den »Einatem«? – *Zeit zum Spüren* –

Die Luft strömt ein und aus, Pinocchio schaut zu.

Wo bewegte ihn die eingeatmete Luft? Was hebt sich, was senkt sich? – *Zeit zum Spüren* –

Er spürte zum Bauch, zu seiner Brust und zu seinen Seiten. Pinocchio macht nichts, der Atem geht und kommt, geht und kommt, Pinocchio spürt den Rhythmus, der in ihm ist, und beobachtet ihn. – *Zeit zum Spüren* –

Er legt seine Hände in Gürtelhöhe an die Seite (Flanke bzw.Taille). Ist der Atem auch dort? Und dann spürt er zum Po hin. Bewegt der Atem auch den Po? – *Zeit zum Spüren* –

Pinocchio beobachtet den Atem noch eine Weile. Er ist neugierig, welche Reise der Atem von ganz alleine durch die Nase bis zum Po macht. – *Zeit zum Spüren* –. Dann hat Pinocchio heute genug entdeckt und ruht sich aus. –

Liebe Kinder,

ihr könnt Pinocchio für heute allein lassen. Räkelt euch gut durch, vielleicht müsst ihr auch gähnen. Dann steht vorsichtig auf.

Pinocchio und die Kastanienschlange

Zur Übung: Die Übung erweckt das Bewusstsein für das Kreuzbein. Das Kreuzbein ist ein zentraler Körperbereich und heißt im Lateinischen »heiliger Knochen«. Das Kreuzbein ist nachgiebig, beweglich und verbindet die Wirbelsäule mit dem Becken.

Ausgangsposition: Vom Stehen zur Rückenlage

Material: Decke bzw. Kissen als Unterlage; für jedes Kind ein Gästehandtuch aus dem Backofen oder eine Kastanienschlange (dafür wird aus Baumwollstoff ein Stoffschlauch genäht und mit Kastanien gefüllt). Vor der Übung wird die Schlange oder das vierfach zusammengeklappte Gästehandtuch bei Stufe 2 (ca. 100 Grad) im Backofen erhitzt. Testen Sie *immer* selbst, ob die Kastanien oder das Handtuch nicht zu heiß sind. Die Schlange oder das Handtuch werden vor der Übung neben das Kind gelegt und ihre Verwendung erklärt.

Zeitdauer: 10 – 15 Minuten

Zur Anleitung: Heute wird das Kreuzbein erläutert, ein Skelettbild einbezogen und den Kindern gezeigt. Wenn vorhanden, wird das große Schaubild gezeigt.

Liebe Kinder,

heute lernt Pinocchio sein Kreuzbein kennen. Dies wird ihm helfen, sich aufzurichten. Es ist gut, wenn ihr auch wisst, wo euer Kreuzbein ist. Schaut, ich zeige euch ein Bild des menschlichen Knochengerüstes.

Zur Anleitung: Dazu kann für die Kinder das Skelettbild von Seite 29 in diesem Buch verwendet werden oder ein Anatomiebildband mit großem Skelettbild. Die Kinder schauen sich das Skelettbild an und bekommen gezeigt, wo das Kreuzbein ist. Sie können nun am Ende der Wirbelsäule das Kreuzbein – meist Handteller groß – ertasten. Wenn möglich, können sich auch zwei Kinder zusammentun und das Kreuzbein beim jeweils anderen ertasten und es auf diese Weise kennen lernen.

Liebe Kinder,

nun wollen wir mit Pinocchio etwas Neues erleben. Noch liegt Pinocchio auf dem Boden. Pinocchio spürt den Boden. Er hebt sanft seinen Kopf und legt ihn wieder ab. Er zieht eine Schulter Richtung Ohr und lässt sie wieder heruntergleiten. Die andere Schulter tut nun das Gleiche. Er streckt den Arm ein wenig und reckt ihn leicht gestreckt gegen den Himmel. Pinocchio probiert die Beweglichkeit dieses Armes, die Fingerspitzen führen den Arm überall hin. Dann ruht sich dieser Arm aus und der zweite Arm streckt sich leicht. Der Arm wandert mit der Spitze zum Himmel und entdeckt, wie er sich von den Fingerspitzen geführt, bewegen kann.

Dann wandert Pinocchio in Gedanken langsam seine Wirbelsäule hinunter. Er beginnt ganz weit oben und geht die Wirbelsäule wie eine Treppe hinab. Er versucht, sein Kreuzbein zu finden. Das Kreuzbein ist wie eine Kreuzung – wie eine Straßenkreuzung. Die Wirbelsäule kreuzt die Knochenschalen des Beckens. Er hat die Idee, dass er sich besser bewegen kann, wenn es ihm wärmer wäre. Zufällig liegt ein warmes Handtuch oder eine Kastanienschlange neben ihm. Pinocchio legt das warme Handtuch oder den zur Schnecke aufgerollten Kastanienschlauch unter das Kreuzbein.

Zur Anleitung: Eventuell bringt erst jetzt jemand die gut gewärmten Materialien herein.

Pinocchio spürt die Wärme zum Kreuzbein aufsteigen. Er genießt die Wärme. (Wenn es zu heiß ist, nimmt er das Handtuch oder den Kastanienschlauch heraus und legt ihn später noch einmal unter.) Er bekommt Lust, sich zu bewegen.

Dann zieht er erst ein Bein vor den Po und dann das zweite Bein. Er stellt sich vor, dass auf seinem Knie ein großer leichter Pinsel steht. Der Pinsel zeigt zur Decke und kann nicht herunterfallen. Und Pinocchio stellt sich weiter vor, dass er mit dem Pinsel Farben in die Luft malt. Der Fuß hebt sich langsam und das Knie bewegt sich malend durch den Raum. – *Zeit geben – hier kann eventuell einmal Musik sein.*

Pinocchio stellt den Fuß wieder auf und der Pinsel wechselt zum anderen Knie. Nun macht sich dieses Knie auf die Reise und malt die Luft an. – *Zeit geben – hier kann eventuell Musik sein.*

Auch diese Bewegung geht zu Ende. – *Zeit zum Spüren* – Pinocchio hält inne und lässt beide Beine ausgleiten. Wie liegt er jetzt? Was fühlt er von seinem Rücken? Spürt er noch die Kastanien bzw. das Handtuch?

Langsam nimmt er diese heraus. Dazu zieht er die Beine heran und gibt Kraft in den Boden. Das Becken hebt sich und schwub-di-wup ist das Handtuch oder die Schlange herausgezogen. Pinocchio liegt auf dem Boden und fühlt vielleicht immer noch etwas Wärme. Er ruht sich aus. – Ob er bald aufstehen kann?

Liebe Kinder,

auch für euch ist die Geschichte zu Ende. Räkelt euch durch und erhebt euch langsam. Spürt ihr noch die Wärme? Wie lange wird sie euch begleiten?

Projekthinweis: Kastanien können Kinder sammeln. Die Kastanienschläuche lassen sich gut mit ein wenig Hilfe der Eltern nähen. Auch Eltern können dann Eutonie einmal praktisch erleben. Oft führt dies zu einer Elterngruppe.

Pinocchio entdeckt die Luft und belebt die Füße

Zur Übung: Die Kinder nehmen durch die Wahrnehmung der Luft Kontakt zu ihrer Umwelt auf. Gleichzeitig wird die eigene Haut bewusst. Der Übungsteil mit den Bällen aktiviert und weckt über die Füße den ganzen Leib.

Ausgangsposition: Rückenlage

Material: Decke bzw. Kissen als Unterlage, 2 gebrauchte Tennisbälle

Zeitdauer: 15 Minuten

Zur Anleitung: Die Tennisbälle werden entweder deutlich vor der Übung verteilt, dann ist Zeit zum »Gebrauchen« der Bälle da, oder sie werden erst während der Übung ausgeteilt. Falls ein Ball wegrollt, schiebt ihn der/die Anleitende wieder heran. Auch diese Geschichte kann geteilt werden. Die Aktivierung der Füße ist eine eigene Übung.

Liebe Kinder,

Pinocchio liegt auf dem Boden und spürt das Leben in sich. Er versucht, die Luft zu spüren, die ihn umgibt. *– Zeit zum Spüren –*

Er fühlt zu seinem Gesicht hin – wie viel Luft kann er wahrnehmen? *– Zeit zum Spüren –*

Spürt er die Luft, da wo die Haare beginnen?

Er fühlt zu seinem Hals – kann er auch mit dem Hals die Luft fühlen? *– Zeit zum Spüren –*

Er spürt seine Hände, seine Finger, seine Handgelenke, vielleicht sogar Teile des Armes. – Ist die Luft dort spürbar?

Wo wird die Haut noch von Luft berührt – Pinocchio fühlt nach. – *Zeit zum Spüren –*

An den Beinen, an den Füßen, über den Socken?

Pinocchio versucht manchmal auch, den Weg der Luft nach innen zu spüren.

Er atmet ein und verfolgt die eingeatmete Luft – bis wohin kann er ihr folgen?

Bis in die Nase? In den Mund? In den Mundraum? In den Hals-Rachen-Raum? Oder noch weiter?

Pinocchio probiert, der Luft zu folgen.

Ja, Pinocchio ahnt und spürt, dass ihn überall Luft umgibt. Wie ist sie heute? Warm oder kühl? Trocken oder eher etwas feucht? »Wie kann man trocken fühlen«, fragt sich Pinocchio? Mit der Zunge fährt er über die Lippen und durch den Mund. Ist es dort trocken, dann ist auch die Luft trocken. – *Zeit zum Spüren –*

Pinocchio hat genug von der Luft, er denkt schon ans Aufstehen. Er weiß aber immer noch nicht, wie das geht. Er zieht einen Fuß vor den Po und entdeckt neben sich zwei Tennisbälle. Einen Tennisball legt er neben den Fuß. Der Fuß spürt zuerst den Boden.

Dann stellt er den Fuß auf den Ball und spürt ihn.

Die Zehen legen sich um den Ball. Sie ertasten ihn so gut es geht.

Dann rollt der Ball unter der ganzen Fußsohle entlang – auf und nieder. Schließlich folgen auch die Fußseiten. Achtung Pinocchio, jetzt rollt der Ball ganz leicht weg! Aber ich bringe ihn dir wieder. Bleib noch liegen.

Auch die Ferse versucht, sich auf den Ball zu legen. Sie will sich auf dem Ball ausruhen. Geht das? Nun ruhen sich der Fuß, das Bein und der Ball neben dem Fuß aus. Der Fuß gleitet aus und das Bein legt sich ab.

Oh, denkt Pinocchio – dieser Fuß und das Bein fühlen sich ja ganz anders an, wie die zweite Seite. Oder?

Pinocchio zieht das zweite Bein heran und der zweite Fuß spürt den Boden.

Dann ertastet er den Tennisball mit diesem Fuß und den Zehen.

Die Zehen legen sich behutsam um den Ball. Sie ertasten ihn sorgfältig.

Dann rollt der Ball unter der ganzen Fußsohle entlang – auf und nieder.

Schließlich folgen auch die Fußseiten. Pass auf Pinocchio, jetzt rollt der Ball wieder leicht weg!

Notfalls bring ich ihn dir wieder. Steh nicht auf.

Jetzt versucht die Ferse, sich auf den Ball zu legen. Sie will sich auf dem Ball ausruhen. Geht das?

Pinocchio lässt das Bein ausgleiten. Wie fühlen sich beide Füße und Beine an? Juckt es dich in den Füßen? Willst du aufstehen? Dann ruhe dich heute noch einmal aus, morgen ist es so weit.

Liebe Kinder,

verabschiedet euch und räkelt euch sanft durch. Dann steht ihr auf.

Pinocchio richtet sich auf, steht und geht die ersten Schritte

Zur Übung:	Aufstehen, Aufrichten und Stehen sind die Schwerpunkte der Übung, mit dem Gehen wird sie abgeschlossen. Das Kind vollzieht die Bewegung des Menschen nach, der in die aufrechte Haltung kommt und sich bewegt. Dabei steht Pinocchio sehr bewusst aus der Bauchlage auf. Dies ist die einfachste Möglichkeit sich aufzurichten bzw. aufzustehen.
Ausgangsposition:	Von der Rücken- zur Bauchlage, zur Hocke zum aufrechten Stand
Material:	Decke bzw. Kissen als Unterlage
Zeitdauer:	15 Minuten
Zur Anleitung:	Bitte selbst mehrmals gut einüben, da sich das Gefühl für die Aufrichtekraft nicht unbedingt sofort einstellt.

Liebe Kinder,

Pinocchio liegt auf dem Boden. Er ist ganz neugierig. Heute will er stehen und ein wenig gehen.

Doch Geduld, Pinocchio. Ein Holzkörper will vorsichtig behandelt werden. Lege dich hin, so als ob du im Sand lägest. Spüre noch einmal deinen ganzen Leib – der sich in den Sand gut einsinken lassen kann.

Dann strecke einen Arm ein wenig und strecke ihn zum Himmel. Dann legst du ihn über den Kopf nach hinten.

Dies war der erste Teil, Pinocchio.

Drehe dich nun über die Seite, dort wo der Arm hochgestreckt ist, auf den Bauch. Spüre über diese Bauchseite den Boden. *– Zeit zum Spüren –*

Nimm den Arm neben den Körper und stütze die Hände auf. Die Hände drücken gegen den Boden und du kommst in den Vierfüßlerstand. Die Kraft, dich aufzurichten, kommt wirklich aus dem Boden.

Probiere es ruhig noch einmal. *– Zeit zum Spüren –*

Nun geht es weiter. Es ist leicht, sich weiter hochdrücken zu lassen. Du gibst nun Kraft durch die Hände in den Boden und stützt dich ab. Mit wenig Energie kommst du auf die Füße und in die Hocke. Die Hände können dich noch abstützen, aber sie müssen es nicht. *– Zeit zum Spüren –*

Spüre deine Zehen und deine Füße. Sie geben jetzt Druck in den Boden. Die Hände können vielleicht noch mithelfen. Sei aber vorsichtig. Die Kraft kommt aus dem Boden und richtet dich auf. Sie drückt dich in eine gerade Haltung. Du richtest dich ganz auf, du stehst.

Spüre deine Füße, sie sind deine Wurzeln, sie halten dich.

Spüre deine Fußgelenke, du kannst in ihnen nachgeben.

Spüre deine Knie; wenn sie locker (ein wenig) eingeknickt sind, stehst du sicher.

Spüre deine Hüftgelenke, die das Bein mit dem Po (Becken) verbinden.

Spüre deine Wirbelsäule, du kannst dich ganz elastisch verbeugen und aufrichten.

Spüre deine Schultergelenke, dort können sich deine Arme bewegen.

Spüre deinen Kopf, er sitzt locker auf dem Ende der Wirbelsäule. So kannst du ihn (durch Muskeln) bewegen.

Bist du noch aufgerichtet? Sonst gib noch einmal Kraft in die Füße. Dieser sanfte Druck richtet dich auf. Du bist gerade und doch nachgiebig.

Wie stehst du nun? Magst du vorsichtig ein paar Schritte gehen? Stelle dir vor, du gehst zum ersten Mal. Gehe. Sei neugierig, wie du gehen kannst. – Mach ab und zu mal Pause.

Lege dich schließlich wieder hin. Mach eine längere Pause. Ruhe dich aus. Du hast die Pause verdient.

Liebe Kinder,

ruht euch auch aus. – *Zeit zum Spüren* – Dann räkelt euch durch und steht genauso auf, wie Pinocchio. Erinnert ihr euch?

Die Pu-Bären-Reihe

Zur Pu-Bären-Reihe

»Pu der Bär« ist eine Kinderbuchfigur und der Freund von Christopher Robin. Pu ist dickfellig. Er hält sich für einen dummen Bären, der manches schwer kapiert. Er fühlt gerne, aber durch das dicke Fell braucht er ein bisschen mehr Zeit. Er ist neugierig, besonders was Honigtöpfe betrifft, und nascht gerne. Er liebt seine Freunde, besonders Christopher Robin – einen kleinen großen Jungen.

Pu hat eine große Spezialität: Wenn es anstrengend wird, atmet er mit einem langen Puuuuh tief aus.

Pu ist eine wunderbare Figur, um mit Kindern Eutonie zu machen. Allein durch das lange Puuuuh habe ich bei der Anleitung immer die Chance, Anstrengungen und eventuell auch Anspannung durch ein Puuuuh zu lösen. Darüber hinaus braucht er, weil er ein dickes Fell hat, besondere Geduld und Achtsamkeit. Außerdem ist er von kindlichem Gemüt, hat tolle Einfälle und kann gut Partnerübungen mit Christopher Robin machen.

Zu den Partnerübungen:

Wenn Kinder in der Eutonie Partnerübungen machen, gelten drei Grundregeln:

- Freiwilligkeit;
- die Paare finden sich auf der Sympathieebene und werden nie eingeteilt;
- Vertrauen wird nicht missbraucht – also weder die Kinder untereinander noch die Anleitenden legen die anderen herein oder benutzen eine Übung als Scherz oder Gag. (Wer einmal einen nassen Schwamm auf dem Kreuzbein hatte, geht nicht mehr vertrauensvoll in die Übung.)

Die Anleitenden machen bei einer Übung nur im Notfall mit, zum Beispiel wenn es nicht aufgeht. Sie können allerdings mit einem Kind die Übung zeigen. Da das Verhältnis Erwachsener und Kind ungleich ist, sollte das Miteinander klar geregelt und begrenzt sein. Auf keinen Fall sollte es ein Lieblingskind geben, um die Übungen zu zeigen.

Körpererfahrungen – auch zu zweit – sind sehr wertvoll. Sie brauchen aber klare Regeln und Grenzen. Genau das Gleiche gilt in der Familie – die Balance zwischen Nähe und Distanz muss durch Achtsamkeit und Selbstbewusstsein immer wieder neu gefunden werden und sollte eindeutige Grenzen kennen.

Das Buch zum Pu: »Pu der Bär« von Alan Alexander Milne, neu übersetzt durch Harry Rowohlt (siehe Literaturhinweise S. 133)

Schwerpunkte der Übungen mit Pu sind: Gelenke, Arbeit mit einem Widerstand und damit Lösungen im Schulter- und Beckenbereich sowie Partnerübungen in der Bauchlage.

Ja, ich bin Pu, der Bär

Text und Musik: Siegfried Macht

Refrain

Strophe

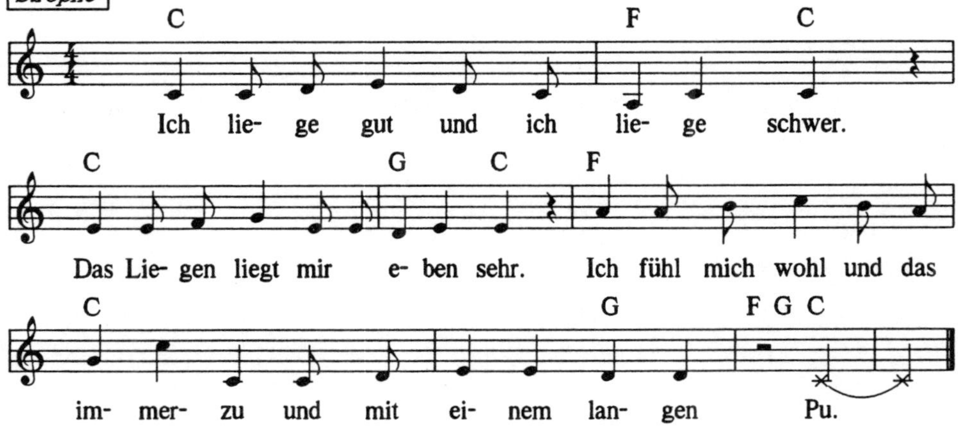

2. Ich hab beim Schlafen den schönsten Traum.
Ich hol den Honig vom höchsten Baum.
Ich schaff das schon und in aller Ruh
und mit einem langen »Puuuuuuuuuuuh!«
- Refrain -

3. Ich mach beim Brummen den schönsten Ton
ich bin beim Tanzen die Sensation.
Ich fühl mich wohl und das immerzu
und mit einem langen »Puuuuuuuuuuuh!«
- Refrain -

4. Ich hab 'nen Freund und der hat mich gern.
Er nennt mich auch seinen Lieblingsbärn,
krault mir das Fell in aller Ruh –
ach, ist das schön, ich sag nur: »Puuuuuuuuuuuh!«
- Refrain -

Pu, ein Käfer?

Diese Übung findet sich auf der CD »Hellwach und entspannt«.

Zur Übung:	Die Übung erkundet die Gelenke und regt zur Bewegung in den Gelenken an. Die Beweglichkeit in den Gelenken wird durch aktive Bewegung gefördert.
Ausgangsposition:	Rückenlage
Material:	Decke bzw. Kissen als Unterlage
Zeitdauer:	20 Minuten; die Geschichte kann allerdings halbiert werden. Beim ersten Mal sind dann nur die Arme dran. Die Intensität der Übung ergibt sich aus der Beteiligung der Kinder.

Liebe Kinder,

ich lade euch zu einer Begegnung mit Pu dem Bären ein. Pu hat auf einem Spaziergang einen Käfer auf dem Rücken liegen gesehen. Pu ist ein bisschen langsam und fragt sich, ob dies ein neues Spiel ist? Er möchte dieses Spiel nun selbst erleben.

Pu liegt auf dem Rücken. Durch das Bärenfell spürt er den Boden. Pu liegt mit dem Kopf gut auf und fühlt die Arme, die Beine und den Rücken.

Pu denkt an den Käfer und hebt einen Arm. Er bewegt den Arm im Schultergelenk, – *Zeit zum Spüren* – er probiert das Ellbogengelenk aus – *Zeit zum Spüren* – und das Handgelenk. Er macht dies »PuBärenLangsam«.

Ja, Pu probiert auch alle Fingergelenke. Er entdeckt, dass es ganz viele Fingergelenke gibt und er bewegt nacheinander alle Gelenke an einem Finger. Dann braucht der Arm eine Pause und Pu legt den Arm auf den Boden. Er ist erstaunt.

Pu vergleicht beide Arme und stellt fest: »Der bewegte Arm fühlt sich ganz anders an.«

Daraufhin hebt er den zweiten Arm. Er macht es genauso: jedes Gelenk wird ausprobiert. Pu bewegt den Oberarm im Schultergelenk, – *Zeit zum Spüren* – er bewegt den Unterarm im Ellbogengelenk – so gut dies geht – und er lässt die Hand im Handgelenk kreisen.

Anschließend bewegt er jedes einzelne Fingerglied, das er fühlen kann.

Jetzt braucht der Arm eine Pause und beide Arme liegen nun auf dem Boden. Pu prüft die Arme, wie schwer sind sie, wie lang, wie beweglich?

Er denkt wieder an den Käfer. Die Beine hat er beinahe vergessen. Er wählt ein Bein aus und bewegt nacheinander, so wie er es kann, die Zehen. Pu denkt: »Ich kann ja gar nicht alle Zehen gleich bewegen!« Danach bewegt er den ganzen Fuß. Auch das Kniegelenk erkundet Pu. Kann er dies wirklich nur in eine Richtung bewegen? Ganz vorsichtig, »bärenvorsichtig«, probiert er das Knie aus.

»Und wo beginnt mein Bein?«, fragt Pu. Er hebt das Bärenbein und spürt, wo das Bein sich bewegt und dann hebt er es, streckt es, zeigt zum Himmel und auch fast zur Bärennase. Dann legt Pu das Bein wieder hin und vergleicht beide Beine.

Es gibt noch ein Bein, das kein Käfertraining hatte. Dieses Bein wartet schon. Pu beginnt wieder mit den Zehen. Wie klappt es auf dieser Seite? Der Fuß bewegt sich anschließend. Und wie geht es diesem Knie? Er ist bärenvorsichtig!

Zuletzt fragt er sich: »Wo beginnt dieses Bein?« Er probiert es aus. Pu macht langsam. Was er langsam macht, kann er auch gut fühlen.

Beide Beine liegen nun wieder auf dem Boden. Nach einer kleinen Pause will Pu der Käfer sein. Er hebt alle viere, die Arme und die Beine, und probiert die Gelenke aus. Pu ist der Käfer und bewegt alle seine Gliedmaßen. Er liegt immer noch auf dem Rücken. Mal ist er ganz langsam, mal schnell, mal braucht er eine Pause, mal probiert er es in absolutem Zeitlupentempo.

Als Pu genug hat, legt er alle viere ab und macht gar nichts mehr. Er liegt wie ein ...

Liebe Kinder,

wie hat euch Pu gefallen? – *Zeit zum Spüren* – Ich hoffe, ihr habt euch jetzt ausgeruht.

Räkelt euch gut durch und dreht euch auf den Bauch. Von dort steht langsam auf.

Kann Pu den Boden spüren?

Zur Übung:	In dieser Übung wird der aktive Kontakt vertieft – dies geschieht auch in der Vorstellung. Schwerpunkt sind Beine, Becken, Rücken und Kopf. Dies ist eine der klassischen Eutonieübungen.
Ausgangsposition:	Rückenlage
Material:	Decke bzw. Kissen als Unterlage
Zeitdauer:	12 – 15 Minuten
Zur Anleitung:	Die Übung braucht Konzentration, also bitte nicht monoton anleiten. Hier kann eine Vertiefung mit Ton erfolgen.

Liebe Kinder,

Pu liegt gerne auf einer festen Unterlage. Manchmal denkt er an eine echte Bärenhöhle im Wald. Er liegt dann auf dem Rücken und spürt den Boden. Mit seinem dicken Fell fällt es Pu nicht leicht, den Boden ganz zu fühlen, und er strengt sich ein wenig an. »Wie fühlt sich heute der Boden an?«, denkt Pu. Ist er kalt oder warm? Fest oder nachgiebig? Glatt oder eher hügelig oder mit Wellen oder schief?

»Puuuuh«, macht Pu. Ein langes »Puuuuh« folgt. Pu der Bär lässt die Atemluft ausströmen.

Pu spürt seine Füße. Erst versucht er es bei einem Fuß. Gerade ist er noch gelaufen. Kann er die Fußsohle noch spüren? Oder merkt er sie gar nicht? Kann er die Bärenzehen einzeln wahrnehmen, ohne sie zu bewegen? – *Zeit zum Spüren* – Kann er sie dann nacheinander – fast alleine – bewegen?

Dann vergleicht er beide Füße und versucht die zweite Fußsohle – *Zeit zum Spüren* – und dann später auch die Zehen – *Zeit zum Spüren* – zu entdecken.

Pu fühlt auch die Beine. Ohne sich zu bewegen, will er spüren, wie schwer das Bein ist. Er probiert es mit einem Bein. Er stellt sich vor, dass er das Bein anhebt. Er stellt es sich wirklich nur vor. »Puuuuh«, stöhnt der kleine Bär, »das Bein ist ja bärenschwer.« Und er stellt sich noch einmal vor, das Bein anzuheben. Und er legt es auch wieder ab. Dann vergleicht er neugierig beide Beine. Obwohl das Bein nichts »gemacht« hat, fühlt es sich anders an. Wie denn?

Danach probiert Pu es wirklich aus. Er hebt sein Bein – eine Bärenpfote – vorsichtig an und legt sie wieder nieder. Er macht ein tiefes langes Puuuuh. – *Zeit zum Spüren* –

Das zweite Bein wartet schon. Auch hier hebt Pu das Bein erst einmal noch nicht wirklich hoch, sondern er stellt es sich vor. Zweimal stellt er sich vor, das Bein zu heben und es langsam wieder hinzulegen. Dann hebt er es einmal bärengemütlich langsam an und legt es sanft wieder ab.

Pu braucht eine Pause. – *Zeit zum Spüren* –

Aber träume nicht weg, Pu! Schlaf nicht ein! Wie liegt dein Po auf dem Boden? Willst du ihn auch einmal anheben?

Pu zieht ein Bein, einen Fuß nach dem anderen vor den Po. Er spürt wieder seine Fußsohlen und drückt die Sohlen tief in den Boden. Der Bärenpo hebt sich ganz langsam und der Bärenrücken folgt. Die Bärenkraft kommt nur aus den Füßen. Pu drückt fester in den Boden und der Po und der Rücken heben sich. Dann nimmt Pu die Kraft aus den Füßen wieder zurück und der Rücken und der Po senken sich langsam zu Boden.

Das macht Pu Spaß und er macht es noch einmal. Er gibt Kraft in die Füße, und Po und Rücken heben sich. Er nimmt die Kraft zurück und sie senken sich zum Boden hin.

Puuuuuuh

Pu lässt die Beine mit einem weiteren Puuuuuuh ausgleiten. Er liegt einfach da und lässt sich Zeit. *– Zeit zum Spüren –*

Er spürt die eine Schulter und hebt sie langsam und senkt sie mit einem Puuuuh.

Er spürt die andere Schulter und hebt sie fast noch langsamer und senkt sie mit einem weiteren Puuuuh.

Er spürt seinen Arm und hebt ihn sanft ein wenig an und legt ihn dann wieder ab.

Er spürt seinen anderen Arm, hebt ihn an und legt ihn wieder ab.

So liegt er nun und dann fällt ihm sein Kopf ein, sein bärenschwerer Kopf.

Er stellt sich vor, seinen Kopf hochzuheben und spürt schon sein Gewicht, ohne dass er etwas tut. Vorsichtig legt er den Kopf – den er gerade in der Vorstellung hochhebt – auch wieder ab.

Er macht es noch einmal in der Fantasie und dann hebt er den Kopf, eine Bärentatze breit, richtig an. Wie leicht, wie schwer ist es? Pu hält den Kopf nicht oben, sondern er legt ihn wieder hin.

War der Kopf wirklich so schwer? Pu wiederholt: Er hebt den Kopf ein bisschen und legt ihn wieder hin.

Pu ist nun müde. Er will nichts mehr bewegen. Er liegt da, vielleicht träumt er von einem Löffel Honig. Pu ist, wie er ist. *– Zeit zum Spüren –*

Liebe Kinder,

verabschiedet euch von Pu und räkelt euch durch. Unsere Geschichte ist vorbei. Dann steht auf und geht ein paar Schritte.

Pu will wach bleiben

Zur Übung:	2 Bälle werden unter das Gesäß gelegt. Die Übung wirkt auf Becken und unteren Rücken. Dies entspannt die untere Rückenmuskulatur und korrigiert Fehlhaltungen der Lendenwirbelsäule.
Ausgangsposition:	Rückenlage
Material:	Decke bzw. Kissen als Unterlage, 2 Filzbälle, ersatzweise 2 Tennisbälle – gegebenenfalls halbierte Tennisbälle
Zeitdauer:	15 Minuten
Zur Anleitung:	Bitte keine Igelbälle oder harte Bälle verwenden, lieber Tennisbälle mit dem Messer halbieren.

Liebe Kinder,

Pu liegt auf dem Rücken und versucht, nicht einzuschlafen. Immer, wenn Christopher Robin ihm eine Geschichte vorliest, schläft er ein. Diesmal hat er eine Idee. Zum Wachbleiben will er sich zwei runde Gegenstände, zwei Bälle aus dem Zimmer von seinem Freund Christopher Robin, unter den Po legen.

Er macht dies nicht sofort. Vorher sucht er die beste Stelle zum Unterlegen.

Dazu sucht er sich die beste Rückenlage aus und spürt genau, wie er liegt. Ein Bär legt sich nämlich immer so hin, dass es ihm gut tut. Er spürt noch einmal nach, ob er gut liegt.

Wie liegt der Kopf? Möchte Pu etwas ändern?

Wie liegen die Arme – rechts und links? Möchte Pu etwas ändern?

Wie liegen der Rücken und der Po/das Becken? Möchte Pu etwas ändern?

Wie liegen die Beine und die Füße – rechts und links? Möchte Pu etwas ändern?

Endlich liegt Pu gut. Er gähnt einmal herzhaft und bewegt sich dabei sogar etwas.

Dann legt er die Bälle unter seinen Pu-Po. Jede Seite bekommt einen Ball. Pu legt den Ball dorthin, wo es für ihn weich ist.

Liegt er immer noch gut? Vielleicht will er die Bälle ein wenig verschieben?

Pu gähnt herzhaft. – Er gähnt immer wieder. – *Zeit zum Spüren* – Er lässt die Zunge in den Rachen rutschen. Er weiß, dass sie festgewachsen ist. Und er gähnt wieder. Manchmal räkelt er sich dabei. Er macht dies gerne.

Und wieder gähnt er. Er gähnt mit sich selbst um die Wette! Und manchmal gähnt er mit einem herzhaften »Uuaahh«. Oder war dies ein »Puuaaahhh«?

Pu gähnt, solange er Lust hat. Dann ruht er sich aus und schaut den Himmel an! Oh, das ist ja kein Himmel, sondern die Decke. Pu gähnt wieder und gähnt und gähnt.

Die Bälle hat er längst vergessen, oder?

Zumindest ist er wach geblieben.

Langsam nimmt Pu die Bälle heraus und da – sein Po liegt ganz anders! Oder?

Er spürt, wie er liegt, vielleicht muss er noch einmal gähnen und dann räkelt er sich gut durch und steht auf.

Liebe Kinder,

mögt ihr es genauso machen? Unsere Geschichte ist zu Ende und ihr räkelt euch nun gut durch und steht auf.

Pu hat schwere, müde Schultern

Zur Übung:	2 Bälle werden unter die Schultern geschoben. Die Übung wirkt auf den Schulter-Nacken-Bereich. Sie hilft bei Verspannungen, die auch bereits Kinder haben und bei Kopfschmerzen, die aus diesem Bereich kommen.
Ausgangsposition:	Rückenlage
Material:	Decke bzw. Kissen als Unterlage, 2 Filzbälle, ersatzweise 2 Tennisbälle – gegebenenfalls halbierte Tennisbälle und einen Tennisball.
Zeitdauer:	15 Minuten
Zur Anleitung:	Bitte keine Igelbälle oder harte Bälle verwenden, lieber Tennisbälle mit dem Messer halbieren. Es kann nötig sein, Kindern im Stehen (an sich selbst) die Hals-Schulter-Wölbung zu zeigen.

Liebe Kinder,

Pu liegt auf dem Rücken. Er räkelt sich gut durch und legt sich aufmerksam auf dem Boden ab.

Er spürt den Boden unter sich. Er denkt an den Waldboden. So, wie auf den weichen Waldboden, hat er sich nun auf den Boden gelegt. Pu sieht nach oben und mit seiner Rückseite, mit seinem Rücken fühlt er nach unten. – *Zeit zum Spüren* –

Vielleicht hat Pu heute viel zu viele Honigtöpfe auf das Regal gestemmt. Irgendwie fühlt sich sein Nacken steif an. Deshalb möchte Pu seinen Schultern etwas Gutes tun. Christopher Robin bringt ihm zwei Bälle. Was kann man damit wohl machen? (Bei Tennisbällen zwei Hälften und einen Ball!)

Er probiert, ob er mit seinen Schultern den Boden spüren kann. Was kann Pu auf der einen Schulter-Seite fühlen – *Zeit zum Spüren* –, was auf der anderen Schulter-Seite?

Pu spürt seinen Hals. Er nimmt einen Ball und rollt den Ball an der Halsseite entlang und dann oben über die Schulter. Dann rollt er den Ball wieder zurück und wiederholt das Ganze noch einmal. Nun legt Pu den Ball zur Seite und legt seine Hand auf die Kurve, die der Ball entlanggerollt ist. Die Fingerspitzen gehen dabei unter den Rücken. Pu spürt, wieweit seine Fingerspitzen reichen. Er kann vielleicht sogar seine Wirbelsäule fühlen. Pu nimmt seine Fingerspitzen wieder von der Wirbelsäule weg und merkt sich die Fläche *neben* der Wirbelsäule gut.

Dann erinnert sich Pu, dass er noch eine zweite Seite hat.

Pu nimmt wieder den Ball und rollt ihn den Hals an der anderen Seite entlang und dann oben über die Schulter. Dann rollt er den Ball wieder zurück und wiederholt das Ganze noch einmal.

Anschließend legt Pu den Ball zur Seite und legt seine Hand auf die Kurve, die der Ball entlanggerollt ist. Die Fingerspitzen gehen dabei unter den Rücken. Pu spürt, wieweit dort seine Fingerspitzen reichen. Er kann vielleicht auch hier seine Wirbelsäule fühlen. Pu nimmt seine Fingerspitzen wieder von der Wirbelsäule weg und merkt sich auch wieder die Fläche *neben* der Wirbelsäule.

Er nimmt jetzt in jede Hand einen Ball und legt sie unter die beiden Stellen, die er sich gemerkt hat. Auf keinen Fall liegt ein Ball unter der Wirbelsäule. Pu spürt, ob sich die Lage der Bälle gleich anfühlt, sonst verschiebt er die Bälle noch ein wenig.

Mit einem tiefen langen Puuuh legt sich Pu richtig auf die Bälle und fühlt sie. Pu spürt die Bälle und dann achtet er auf seinen linken Arm. Er streckt den Arm ein wenig – bis in die Fingerspitzen. Leicht gestreckt, aber bärensanft hebt Pu den Arm mit der Hand. Er hebt den Arm solange, bis die Fingerspitzen zum Himmel zeigen.

Immer wenn es anstrengend wird, tönt aus dem Bär ein tiefes Puuuuh. Langsam legt Pu den immer noch ausgestreckten Arm über den Kopf nach hinten auf den Boden. Pu macht dies, so gut es heute geht. Und dann folgt ein Puuuuh.

Der andere Arm wartet schon. Er streckt sich langsam und wandert nach oben, bis er zum Himmel zeigt. Mit einem großen Puuhh legt sich der Arm über den Kopf nach hinten, bis er an einer guten Stelle auf dem Boden liegt. Puuuuh.

Beide Arme liegen nun, und ab und zu ertönt ein Puuuuh und noch ein Puuuuh.

Nach einer kleinen langen Weile wandert der erste Arm allmählich wieder nach vorne und liegt dann wieder neben dem Bauch und dem Bein. »Puuuuh« tönt es ab und an.

Und der zweite Arm folgt. Puuuuh.

Nun liegen beide Arme wieder neben Pus Bauch und Becken. Er ruht sich aus.

Behutsam nimmt Pu die Bälle unter den Schultern heraus und liegt wieder direkt auf dem Boden. Mit zwei großen Puuuuhs begrüßt Pu den Boden.

Wie liegt er nun? Geht es den Schultern gut oder besser? Spürt Pu noch, wo die Bälle gelegen haben? Wie fühlt sich Pu?

Liebe Kinder,

unsere Geschichte mit Pu ist heute zu Ende. Räkelt euch sanft durch und steht langsam mit einem langen Puuuuh auf.

Pu und der Honigtopf auf dem Rücken

Zur Übung: Pu nimmt in der Bauchlage Grundkontakt auf. Danach spürt er den Klang der Klangschale auf dem Rücken. In der Eutoniegeschichte schlägt Christopher Robin einen Honigtopf auf dem Rücken an. Der/die Anleitende ist Christopher Robin. Die Übung fördert die Haut- und Knochenwahrnehmung durch die Schwingungen der Klangschale.

Ausgangsposition: Bauchlage

Material: Decke bzw. Kissen als Unterlage, Klangschale mit Schlegel

Zeitdauer: 12 – 15 Minuten

Zur Anleitung: Die Übung hat zwei Ebenen. In der Bauchlage wird nur der Grundkontakt angesprochen. Dies dient zur Vorbereitung der zweiten Ebene. Eine Klangschale wird auf dem Kreuzbein und/oder zwischen den Schulterblättern angeschlagen. Die Klangschale darf nicht zu klein und nicht zu groß sein. Auch erzeugen nicht alle Klangschalen Vibrationen auf dem Rücken. Bitte unbedingt vorher an sich selbst ausprobieren (zum Beispiel auf dem Brustbein). Es gibt keinen Ersatz für Klangschalen, bitte nicht Schüsseln oder Töpfe benutzen. Dies ist eine Übung für Kinder, die mit Eutonie Erfahrung haben.

Liebe Kinder,

heute liegt Pu auf dem Bauch. Er macht es sich ganz gemütlich. Vielleicht braucht er ein Kissen unter dem Kopf. Das Kissen liegt neben ihm. Er ist ein bisschen traurig. Er hat seinen Honigtopf ganz leer genascht. Was kann man schon mit einem leeren Honigtopf anfangen?

Pu legt seinen Kopf auf die Seite und spürt den Boden oder das Kissen.

Pu spürt seinen Bauch und manchmal hört er sein Herz schlagen.

Die Atemluft strömt ein und aus und bewegt vielleicht den Bauch, das Becken und den Brustraum, den unteren Rücken.

Pu prüft, ob seine Arme gut liegen und seine Hände. Hat er die Finger offen liegen oder angespannt? Mag Pu noch etwas ändern?

Pu fühlt das untere Ende des Bauches, das Becken. Hier ist auch die Hüfte. Hier haben die Beine ihren Anfang.

Pu spürt jetzt ein Bein. Wo beginnt es? Dazu hebt er das ganze Bein mit dem Fuß ein wenig und vorsichtig an und legt es wieder ab. Hat Pu den Anfang der Bewegung im Hüftknochen gespürt? Zum Schluss interessiert Pu, wie sein Fuß liegt. Er liegt ganz anders als sonst, in der Rückenlage. Fühlt sich der Fuß so wohl? *– Zeit zum Spüren –*

Pu erinnert sich an die zweite Bein- und Fußseite. Wie ist es mit dem anderen Bein? Pu probiert dort dieselbe Bewegung. Wo fängt das Bein an? Wo bewegt es sich im Beckenraum? Pu ist neugierig – wie kann er dieses Bein bewegen? Dann legt er das Bein vorsichtig auf den Boden und spürt noch einen Moment den Fuß.

Pu spürt noch einmal, wie er mit dem ganzen Körper auf dem Boden liegt!

Lieber Pu, jetzt bin ich dein Freund Christopher Robin. Schließ die Augen. Ich komme zu dir und stelle einen leeren Honigtopf (Klangschale) auf deinen Rücken. Ich stelle zuerst den Honigtopf auf dein Kreuzbein und dann lausche und spüre den Klang.

Zur Anleitung:

- Der Honigtopf wird einmal gut angeschlagen. (Bitte das Anschlagen vorher – auf der Erde – üben! Wenn zu fest geschlagen wird, fliegt der Honigtopf vom Körper herunter und der Klang ist nicht so gut.)
- Nach dem Ausklingen der Schale noch eine Weile warten und dann das Kind leise ansprechen.

Lieber Pu, soll ich noch einmal anschlagen? (Bei einem Ja geht es wie ausgeführt weiter, bei einem Nein wird die Schale heruntergenommen.)

Die Schale steht nun zwischen deinen Schulterblättern. Höre wieder den Klang und spüre ihn in deinem Körper.

Zur Anleitung:

Bei einer überschaubaren Gruppe (je nach Alter sind dies 8 bis 12 Kinder) geht der/die Anleitende nun von Kind zu Kind und schlägt entsprechend die Schale an. Meist hören alle ganz ruhig dem Klang zu.

Lieber Pu, der Klang ist zu Ende. Siehst du, ein Honigtopf ist nicht nur zum Naschen da. Kannst du dich an das Gefühl erinnern, als der Klang dich berührte? Fühlst du ihn noch? – *Zeit zum Spüren* – Wo hast du den Klang in/an deinem Körper wahrgenommen. Gleich kannst du es mir erzählen.

Liebe Kinder,

räkelt euch fest durch und steht langsam auf. Dazu braucht ihr nur in die Hocke zu gehen und schon steht ihr.

Pu brummt und tönt

Zur Übung:	Diese Übung geschieht als Paarübung. Nach kurzem Grundkontakt wird der Kopf von einem Partner/einer Partnerin (Christopher Robin – diesmal ist es ein Kind) sehr behutsam (!!) geschaukelt. Die Übung ist sehr entspannend und lockert die Hals-Nacken-Partie. Es wird Vertrauen eingeübt und setzt Vertrauen voraus. So ist dies eher eine Übung für Kinder, die mit Eutonie Erfahrung haben.
Ausgangsposition:	Rückenlage mit Platz hinter dem Kopf für das andere Kind
Material:	Decke, ein Kissen oder Meditationsbänkchen als Unterlage für den jeweiligen Partner
Zeitdauer:	2 x 12 Minuten, wobei ein Wechseln auch erst beim nächsten Mal erfolgen kann; dies sollte aber dann vorher angesagt werden. Zwischen beiden Übungen ist eine kleine Pause sinnvoll.
Zur Anleitung:	Paarübungen sollten nur mit erfahrenen Gruppen durchgeführt werden. Die Wahl der Partnerin oder des Partners erfolgt durch die Kinder selbst – nach Sympathie.

Liebe Kinder,

heute lade ich euch ein zu einer Geschichte für Pu *und* Christopher Robin. Tut euch also zu zweit zusammen und legt fest, wer Pu und wer Christopher Robin ist. Pu ist wie immer der etwas Bequemere. Aber dies macht heute nichts, denn anschließend wird gewechselt.

Pu liegt auf dem Rücken und macht sich mit dem Boden vertraut. Dies kennt Pu. Und ein Bär will immer wissen, worauf er liegt. Er will auch wissen, wie er liegt. Christopher Robin möchte Pu heute etwas Gutes tun.

Christopher Robin sitzt hinter Pus Kopf auf dem Boden und nimmt nach einer Weile (wenn Pu weiß, wie er liegt) den Kopf in beide Hände. Der schwere Bärenkopf liegt in den Händen wie in einer Schale.

Christopher Robin spürt in seinen Handflächen, wo und wie ihn der Kopf berührt.

Pu spürt die Handflächen, die seinen Kopf berühren.

Pu und Christopher Robin machen sich miteinander vertraut – dabei geschieht eine kleine Zeit (bis zu einer Minute) gar nichts.

Dann beginnt Christopher Robin Pus Kopf leicht ein wenig zu schaukeln. Christopher Robin macht dies sehr vorsichtig. Pu versucht, den Kopf nicht festzuhalten. Pu macht dies, so gut ein Bär es eben kann.

Christopher Robin schaukelt weiter ganz sanft und Pu brummt dazu ein Puuuuh. Pu brummt ein tiefes wohliges Puuuuh.

Aus dem tiefen Brummen wird langsam ein Ton. Das Puuuuh klingt, es brummt nicht mehr. Pu probiert aus, wie sein Puuuuh klingen kann. Er hat Zeit.

Christopher Robin schaukelt weiter Pus Kopf und hebt ihn auch ein klein wenig an. Pu singt dabei sein Puuuuh.

Langsam werden Christopher Robin die Arme schwer und er legt den Kopf sehr vorsichtig auf den Boden. Pus Singen hört langsam auf.

Na, Pu! Wie geht es dir? War Christopher Robin nicht nett? Vielleicht magst du ihm gleich danke sagen.

Aber spüre noch einmal deinen Kopf und deine Schultern.

Bewege deinen Kopf langsam selbst. Magst du ihn einen Fingerbreit hochheben? Vorsicht, er ist schwer. Lege deinen Kopf sanft wieder ab.

Christopher Robin, du hast eine kleine Pause. War es anstrengend? Hat es Spaß gemacht? Gleich könnt ihr wechseln und du bist Pu. Du kannst dich ja auf deinen Platz schon hinlegen oder setzen.

Liebe Kinder,

Pu dehnt und streckt sich sehr sanft und steht dann auf. Nach einer kleinen Pause geht es dann weiter. Ihr zwei könnt euch gerne erzählen, wie es gewesen ist.

Christopher Robin schaukelt Pu den Rücken

Zur Übung: Diese Übung geschieht als Paarübung. Nach kurzem Grundkontakt wird der Rücken von einem Partner/einer Partnerin (Christopher Robin – diesmal ist es ein Kind) behutsam geschaukelt. Die Übung lockert die ganze Wirbelsäule und erlaubt ihr, Fehlhaltungen zu korrigieren.

Ausgangsposition: Bauchlage, der Kopf liegt auf einem Kissen, die Arme neben dem Körper, der Partner sitzt seitlich neben dem Körper

Material: Decke, ein Kissen für den Kopf – ein Kissen oder Meditationsbänkchen als Unterlage für den jeweiligen Partner

Zeitdauer: 2 x 15 Minuten, wobei ein Wechseln auch erst beim nächsten Mal erfolgen kann; dies sollte aber dann vorher angesagt werden. Zwischen beiden Übungen ist eine kleine Pause sinnvoll.

Zur Anleitung: Paarübungen sollten nur mit erfahrenen Gruppen durchgeführt werden. Die Wahl der Partnerin oder des Partners erfolgt durch die Kinder selbst – nach Sympathie. Das Kreuzbein muss den Kindern eventuell vorher gezeigt werden. Dies geht gut, wenn man es beim Partner zuvor (im Stehen) erfühlen darf (siehe dazu die Übung auf Seite 25 f.).

Liebe Kinder,

Bären lassen sich gerne verwöhnen. Pu-Bären erst recht. Deshalb haben Pu und Christopher Robin ein schönes Spiel erfunden.

Pu liegt auf dem Bauch. Die Arme liegen neben dem Bärenbauch. Vielleicht braucht er ein Kissen unter dem Kopf. Pu liegt breit und fest auf dem Boden.

Pu legt seinen Kopf auf eine Seite und spürt zum Boden hin.

Pu spürt zu seinem Bauch. Vielleicht hört er sein Herz schlagen.

Die Atemluft strömt ein und aus und bewegt Pu. Pu spürt, wo es ihn bewegt.

Pu prüft, wie seine Arme und Hände liegen. Hat er die Finger geöffnet oder zur Faust geballt? Mag Pu sonst noch etwas ändern?

Pu fühlt sein Becken und die Hüfte. In den Hüften beginnen die Beine.

Pu spürt zuerst ein Bein. Pu fühlt, wie sein Fuß liegt. Möchte er ihn so liegen lassen?

Pu wendet sich der zweiten Bein- und Fußseite zu. Wie liegt dieses Bein? Wie liegt dieser Fuß?

Pu spürt danach beide Beine zusammen. Er fühlt seine Bauchauflage und seinen Brustraum.

Er spürt die Kopfseite, die auf dem Boden oder einem Kissen liegt. Vielleicht möchte Pu zwischendurch den Kopf behutsam auf die andere Seite wenden.

Christopher Robin sitzt neben Pu auf dem Boden. Er setzt sich so hin, dass er eine Hand auf Pus Kreuzbein legen kann. Die andere Hand liegt *später* auf dem Nacken, damit ist die Stelle in der Mitte der Schulter – ganz oben, wo es zum Hals übergeht, gemeint.

Christopher Robin legt seine Hand auf das Kreuzbein von Pu. Pu spürt das Gewicht und vielleicht auch die Wärme oder die Kühle der Hand. Christopher Robin bewegt die Hand hin und her. Er achtet darauf, dass die Hand nicht nur die Haut hin und herschiebt, sondern durch die Bewegung der Hand kommt der ganze Rücken ins Schwingen. Gelingt dies nicht, so gibt Christopher Robin ein wenig mehr Druck in die Hand, dann schaukelt der Rücken leichter.

Christopher Robin gelingt es, mit dieser kleinen Bewegung den ganzen Körper, besonders aber den Rücken ins Schwingen zu bringen. Nach einer Weile legt er die Hand etwas weiter nach oben auf die Wirbelsäule und schaukelt wieder den Rücken. Was ist jetzt anders für Pu?

Nach und nach wandert die eine Hand immer weiter bis in die Höhe der Schulterblätter. Die andere Hand legt sich auf den Nacken. Miteinander schaukeln beide Hände in einem gleichmäßigen Rhythmus den Rücken. Pu lässt dies geschehen und macht selbst gar nichts. *– Zeit zum Spüren –*

Dann geht es rückwärts. Die eine Hand bleibt auf dem Nacken und die andere Hand geht auf der Wirbelsäule wieder ein wenig tiefer. Die Hände schaukeln gemeinsam. *– Zeit zum Spüren –* Schließlich wandert die Hand zurück zum Kreuzbein und schließt mit dem Schaukeln dort ab. Sanft verabschiedet sich Christopher Robin. Pu liegt noch auf dem Bauch und genießt die Zeit nach dem Schaukeln. *– Zeit zum Spüren –*

Liebe Kinder,

Christopher Robin darf sich gleich auf den Boden legen. Ob ihn Pu auch so schaukeln kann?

Dann räkelt und streckt Pu sich und steht auf. *– Zeit zum Spüren –*

Langsam kommt die Zeit zum Wechseln.

Die MiniLisa-Reihe

Zur MiniLisa-Reihe

MiniLisa ist ein Zwergenmädchen. Seinen Namen verdankt es einem Zufall, aus Monalisa wurde als Wortspiel MiniLisa. MiniLisa hat viele nette Eigenschaften, sie ist stark, neugierig, hat fantastische (fast zu große) Füße und einen eigenwilligen Kopf. Lisa mag auch gerne Kinder. Sie besucht die Kinder und kommt während der Geschichte zu ihnen. Meist geschieht dies als Imagination. Fast immer bringt sie etwas Besonderes mit.

Schwerpunkt der Eutonie mit MiniLisa ist die Verlängerung (auch in der Vorstellung), Kontakt zur Vorderseite und die Wahrnehmung der Außenseite des Körpers.

Guten Morgen, ihr Zehen

Morgenshuffle für Morgenmuffel

mit Swingfeeling, Noten mit Hals nach unten als Echo

Text: Siegfried Macht nach Gerda Maschwitz
Musik: Siegfried Macht

C7
auf, mei- ne Fü- ße. Wacht auf, mei- ne Fü- ße.
nur nicht schlapp, mach wei- ter, Mach nur nicht schlapp, mach wei- ter,
geht's, rech- te Schul- ter? Wie geht's, rech- te Schul- ter?
hin, biss- chen her, biss- chen hin, biss- chen her,
fass dich an die Na- se, nun fass dich an die Na- se.
G
Weckt das Knie und das Bein. Be- stellt dem
a- ber an- ders he- rum. Dreh nie- mals
Und du, lin- ke, sag auch!? Und dann kreis
das ist gar nicht so schwer. Ein we- nig
Mach die Au- gen weit auf. Lach dich nicht
D
C
Bauch vie- le Grü - ße. Weckt das Knie und die Fü - ße. Lasst das
durch, dreh dich hei - ter und vor al - lem stets wei - ter, das ist
ich mit viel Charme noch Arm für Arm, das
dre- hen und sprei - zen, mit Be- we- gung nicht gei- zen. Bald lass
krank, lach ge- sund, da- zu hast du den Mund. Und
G
1.-4.
D7
5.
Bein nicht al- lein!
gar nicht so dumm.
ist gu- ter Brauch!
ich euch in Ruh.
jetzt geht es rund!

MiniLisa will größer werden

Diese Übung findet sich auf der CD »Hellwach und entspannt«.

Zur Übung: Die Kinder üben die Verlängerung der Beine, die aktive Verlängerung erzeugt eine Streckung in der Muskulatur und eine Öffnung in den Gelenkbereichen. Die Durchblutung wird gefördert, oft werden die Beine warm.

Ausgangsposition: Rückenlage

Material: Decke bzw. Kissen als Unterlage

Zeitdauer: 12 Minuten

Zur Anleitung: MiniLisa will wachsen und übt dabei die Verlängerung aktiv. In dieser Übung geht es nur um die Beine. Die Arme können als Variante ebenso einbezogen werden. Kinder fragen oft, ob das Bein wirklich länger geworden ist. Ja, lautet die Antwort. Vielleicht sind es nur ein paar Millimeter. Aber die Verlängerung (Dehnung/Streckung) ist fühlbar und oft auch sichtbar.

Liebe Kinder,

MiniLisa ist ein Zwergenmädchen. Sie hält sich sogar für ein kleines Zwergenmädchen, obwohl sie so groß ist, wie meine ganze Hand. Lisa hat braunes Haar und braune Augen, Schuhgröße 1/2 und trägt am liebsten Zwergenjeans mit einem Kapuzensweatshirt.

MiniLisa ist ihr Spitzname, eigentlich heißt sie nur Lisa. Aber da sie so klein ist, hat ihr Bruder zu ihr gesagt: »Hallo, Mini!« Seitdem wird sie oft MiniLisa gerufen.

Lisa will groß werden, länger werden.

Sie legt sich auf den Boden.

Sie spürt den Boden.

Sie spürt die Haut des Kopfes, die mit den Haaren auf dem Boden liegt.

Sie spürt die Haut des Rückens, die mit der Kleidung auf dem Boden liegt.

Sie spürt die Haut des Pos, die durch die Jeans den Boden wahrnimmt.

Lisa liegt und bewegt sich noch ein wenig, bis sie sich auf dem Boden wohl fühlt.

Dann spürt sie nacheinander, wie die beiden Arme liegen.

Und sie sorgt dafür, dass die beiden Arme richtig gemütlich liegen.

Nun möchte sie größer werden.

Sie sucht sich ein Bein aus. Sie spürt, wie das Bein liegt.

Sie versucht, ihre Ferse und ihre Fußsohle zu fühlen. Und sie wackelt nacheinander mit jedem Zeh.

Zwergenmädchen können dies sehr gut. Mit ihren Füßen ist Lisa zufrieden.

Aber sie möchte wachsen. Mit ihrer Aufmerksamkeit ist sie immer noch bei diesem einen Bein.

Sie spürt wieder die Ferse.

Langsam schiebt sie die Ferse voran in den Raum. Sie wächst und wächst.

Da sie richtig wachsen will, schummelt sie nicht. Sie achtet darauf, dass sie im Pobereich nicht schief wird. Sie liegt dort gerade und schiebt immer ein bisschen mehr die Ferse in den Raum.

Lisa hält die Luft nicht an, sondern atmet ruhig aus.

Wenn das Bein zu viel Spannung hat oder wenn Lisa sich zu sehr anstrengt, dann löst sie die Spannung und das Bein wird wieder ein wenig kürzer, aber nicht ganz so kurz wie vorher. Lisa macht dann eine Pause.

Aber da sie wachsen möchte, versucht sie es noch einmal. Sie schiebt die Ferse über den Boden in den Raum und das Bein wird länger.

Liebe Lisa, jetzt ist es genug. Lass das Bein so, wie es ist. Vergleiche mal beide Beine. Bist du gewachsen? Ist das eine Bein wirklich länger?

Nun weiß das zweite Bein schon Bescheid. Lisa will ja nicht humpeln. Sie schiebt die andere Ferse in den Raum. Sie atmet locker und macht eine Pause, wenn es genug ist. *– Zeit zum Spüren –*

Dann schiebt sie wieder die Ferse in den Raum und wächst und wächst. *– Zeit zum Spüren –*

Liebe Lisa, sind beide Beine wieder gleich lang? Wenn ja, dann geht die Übung zu Ende. Sonst lass das Bein noch einmal wachsen, das sich kürzer anfühlt. *– Zeit zum Spüren –*

Nun hast du eine große Pause verdient.

Liebe Kinder,

ihr seid nun MiniLisa begegnet. Wie hat sie euch gefallen? Seid ihr auch größer geworden? Räkelt euch durch, erhebt euch und geht behutsam ein paar Schritte. Wie geht es sich jetzt?

MiniLisa träumt vom Wachsen

Zur Übung:	Diese Geschichte übt die Verlängerung in der Vorstellung. Die Verlängerung im Kopf, im Hals-Nacken-Bereich und die Verlängerung der Arme ergänzen die aktive vorherige Übung, in denen die Beine der Schwerpunkt waren. Die Verlängerung durch die Vorstellung ist sanfter und doch wirkungsvoll. Menschen, die sich nicht oder nur schlecht bewegen können, nehmen so auch an der Übung teil.
Ausgangsposition:	Rückenlage oder als Variante Bauchlage. Sie müssen dazu die Geschichte entsprechend verändern.
Material:	Decke bzw. Kissen als Unterlage
Zeitdauer:	15 Minuten
Zur Anleitung:	Zuerst wird der Grundkontakt hergestellt und dann mit den Armen beginnen. Bitte nie mit der Dehnung (auch nicht in der Vorstellung) im Nackenbereich beginnen. Diese Übung ist oft für Kindergartenkinder zu schwer.

Liebe Kinder,

MiniLisa möchte auch heute wachsen. Aber sie hat sich heute schon richtig angestrengt, sie möchte sich gar nicht bewegen. Sie fragt sich: »Wenn ich mir vorstelle, dass ich wachse, wachse ich dann auch?«

Liebe MiniLisa, wir probieren dies nun aus.

Lege dich hin, wie auf einen weichen Waldboden.

Du fühlst den Boden unter dem Kopf – *Zeit zum Spüren* – unter deinem Rücken – *Zeit zum Spüren* – unter deinen Beinen.

Du legst deine Arme neben dich. – *Zeit zum Spüren* –

Suche nun einen Arm aus. Der Arm ist gestreckt und die Fingerspitzen zeigen zu den Füßen.

Lisa ist neugierig. Sie stellt sich vor, dass jemand vorsichtig an den Fingern zieht. Der Arm gibt – in der Vorstellung – nach. Lisa denkt sich, dass der Arm länger wird. Sie stellt sich vor, dass sie mit dem Arm die gegenüberliegende Wand berühren kann. Ja, die Fingerspitzen kommen fast an die Wand.

Lisa konzentriert sich. Noch einmal stellt sie sich vor, dass jemand sanft an den Fingerspitzen zieht. Der ganze Arm gibt nach und sie kann fast die gegenüberliegende Wand berühren.

Vorsicht, liebe Lisa. Streng dich nicht so sehr an. Die Schultern bleiben liegen und du bewegst dich nicht. Du denkst nur, dass dein Arm länger wird.

Dann vergleicht Lisa beide Arme. Ist der eine Arm wirklich länger geworden oder täuscht sie sich? Tatsächlich, die Arme sind unterschiedlich. Aber wie sind sie? – *Zeit zum Spüren* –

Lisa denkt an den zweiten Arm. Sie stellt sich vor, dass auch dieser Arm wächst. Es ist so, als ob jemand an den Fingerspitzen sanft zieht. Der Arm wächst und wächst bis zur gegenüberliegenden Wand. Lisa ruht sich nun aus. – *Zeit zum Spüren* – Dann wiederholt sie das Wachsen des Armes. Wie sähe es wohl aus, wenn ein Arm kürzer oder länger wäre? Kommt sie jetzt ohne Stuhl an das Marmeladenglas heran?

Wieder vergleicht Lisa beide Arme. Sie sind wieder ähnlich groß, aber – da ist Lisa sicher – länger, als vorher.

Lisa ruht sich wieder aus und es kommt ihr eine neue Idee. Kann nicht auch der Kopf nach oben wachsen und kann sie nicht auch so größer werden.

Sie stellt sich vor, dass sie wächst. Sie spürt ihre Schulter und schiebt ihre Schulter langsam Richtung Kopf.

Achtung Lisa! Du wolltest dir das nur vorstellen. Lisa bewegt also Schultern und Hals und Kopf nicht. Sie stellt sich vor, dass jemand sanft an den Haaren zieht. Zwergenmädchen haben sehr starkes Haar, aber sie lieben es, wenn jemand vorsichtig ist. Also, Lisa denkt sich, dass der Kopf und der Hals und der Nacken nachgiebig sind.

So wächst Lisa von der Kopfdecke her langsam auf die nächstgelegene Wand zu. Lisa wächst und wächst und wächst. Langsam ist es genug, auch wenn Lisa sich dies nur vorstellt.

Lisa hört auf. Sie fühlt sich ein ganzes Stück größer.

Schade, sie hat sich vorher nicht gemessen. Ist sie wirklich größer geworden?

Sie steht langsam auf und geht aufrecht, wie eine Königin umher.

Liebe Kinder,

wollt ihr dies jetzt auch tun. Dann erhebt euch und räkelt euch dabei gut durch. Vergesst das Gähnen nicht. Geht langsam umher, wie eine Königin oder ein König. Stellt euch vor, ihr habt eine Krone auch dem Kopf, die nicht befestigt ist. Schaut mal wie groß ihr seid.

MiniLisa besucht dich

Diese Übung findet sich auf der CD »Hellwach und entspannt«.

Zur Übung: Diese Geschichte unterscheidet sich von den anderen Eutoniegeschichten. In dieser Geschichte kommt MiniLisa die Kinder besuchen. Sie besucht jedes Kind und geht – in der Vorstellung – über den Bauch-Brust-Raum, damit die Kinder diesen Körperbereich spüren können.

Ausgangsposition: Rückenlage oder als Variante Bauchlage. Sie müssen dazu die Geschichte entsprechend verändern. Lisa geht dann über den Rücken.

Material: Decke bzw. Kissen als Unterlage

Zeitdauer: 15 Minuten

Zur Anleitung: Diese Geschichte verbindet Wahrnehmung, Vorstellung und Konzentration auf einen Körperbereich, der diesmal ohne direkten Kontakt zum Boden wahrgenommen wird.

MiniLisa kann für jeden ein Geschenk dalassen, das sie auf den Brustraum legt. In dieser Anleitung ist es eine Feder, die für MiniLisa schon ganz schön schwer ist.

Liebe Kinder,

heute besucht jedes von euch MiniLisa. Lege dich auf den Rücken und spüre den Boden unter dir.

Fühle, wo deine Kopfhaut, dein Haar den Boden berührt.

Fühle deine Haut an einer Hand. Kannst du die Luft auf der Haut spüren, die dich umgibt? Spüre deinen ganzen Arm. Soll er so liegen bleiben?

Fühle deine Haut an der zweiten Hand. Kannst du auch hier die Luft auf der Haut spüren, die dich umgibt? Spüre schließlich deinen ganzen Arm. Soll er so liegen bleiben?

Fühle die Haut deines Rückens. Wo hat deine Haut durch die Kleidung Bodenkontakt?

Fühle die Haut deines Gesäßes. Kannst du durch die Kleidung den Boden fühlen?

Kannst du ein Bein und einen Fuß spüren? Wo liegt dein Bein auf dem Boden, wo hat es Abstand? Kannst du die Oberfläche deines Beines spüren? Was spürst du von deinem Fuß?

Wie geht es dem anderen Bein? Wo hat es Kontakt und wo hat es Abstand zum Boden? Kannst du auch deine Haut spüren, die Verbindung zum Boden hat? Bleib so liegen und sei ganz aufmerksam.

Nun besucht dich MiniLisa. Lisa kommt an das Bein, das du eben wahrgenommen hast. Sie ist so groß wie deine Hand. Sie berührt deinen Fuß. Wenn du kitzelig bist, atme ruhig weiter. Lisa klettert deinen Fuß hoch. Sie geht barfuß auf deinem Bein entlang. Sie wandert langsam zum Knie. Kannst du dein Knie fühlen? Sie wandert deinen Oberschenkel empor, bis zum Bauch. Sie geht über den Bauch. Kannst du Lisa fühlen? Sie steht mitten auf deinem Bauch.

Vielleicht will sie Trampolin springen. Darf sie das auf deinem Bauch? Du brauchst nur deine Bauchoberfläche ein wenig anzuspannen und so kann sie federn. Atme aber weiter, halte die Luft nicht an. Nun lässt du die Bauchoberfläche locker und Lisa wandert weiter.

Sie geht zu deiner Brust und klettert die Rippen hoch bis zur Schulter. Dann geht sie zur anderen Brustseite und wandert wieder zurück. Der Bauch hat ihr am besten gefallen. Dort setzt sie sich hin und ruht sich aus.

Lisa spürt, wie dein Atem sie ein wenig bewegt, und sie lässt sich schaukeln. – *Zeit zum Spüren –*

Dann steht sie wieder auf und legt eine Feder auf deinen Bauch.

Zur Anleitung:

Der/die Anleitende legt eine Feder auf den Bauch eines jeden Kindes. Das Kind behält die Feder natürlich. Leichte Federn gibt es in Bettengeschäften zu kaufen.

Kannst du die Feder dort spüren? *– Zeit zum Spüren –*

Lisa geht über den Bauch zurück zum Becken. Spüre ihre Schritte. Welchen Weg geht sie jetzt?

Dann wandert sie zu dem zweiten Bein. Erinnerst du dich? Das eine Bein kletterte Lisa empor. Auf dem anderen Bein wandert sie nun wieder hinunter. Spürst du ihre Füße? Ist sie schon am Knie? *– Zeit zum Spüren –*

Am Fuß verabschiedet sie sich von dir und winkt dir zu. Schwups klettert sie an der Fußsohle hinunter. Kitzelt sie dich dort? Lisa ist wieder gegangen, sie besucht dich sicher später noch einmal. Heute geht sie nach Hause.

Wie geht es dir? Spürst du noch, wo Lisa gegangen ist?

Spürst du dein Knie? – *Zeit zum Spüren* – deinen Bauch? – *Zeit zum Spüren* – deine Brust? – *Zeit zum Spüren* – den Platz, auf dem Lisa sich ausruhte und auf dem eine Feder liegt? – *Zeit zum Spüren* – dein zweites Knie? – *Zeit zum Spüren* – deine Fußsohlen?

Liebe Kinder,

dies war unsere heutige Geschichte mit MiniLisa. Hat euch ihr Besuch gefallen?

Räkelt euch nun gut durch und steht behutsam auf.

MiniLisa und der Wandwiderstand

Zur Übung: MiniLisa will ihre Füße spüren. Die Wand wird zu Hilfe genommen. Diese Übung wirkt auf die Wirbelsäule und den Beckenbereich. Die Elastizität der Wirbelsäule wird deutlich. Gleichzeitig entdecken die Kinder, wie wenig Kraft für eine Bewegung im Rückenbereich nötig ist.

Ausgangsposition: Rückenlage vor einer Wand. Die Füße (mit Strümpfen) müssen die Wand berühren dürfen. Die Füße sind aufgestellt und die Zehenspitzen berühren fast die Wand.

Material: eine rutschfeste Unterlage/Decke bzw. Kissen als Unterlage

Zeitdauer: 15 Minuten

Zur Anleitung: Diese Übung bedarf der eigenen Übung, sonst werden die Feinheiten nicht deutlich. Experimentieren Sie selbst mit dieser Übung vor der Wand. Ich bin sicher, dass Ihre Anleitung sich erweitert und verändert.

Variante: Wenn Sie einen Raum mit glattem Boden haben, können Sie als Variante »das Schlittern« üben. Mit dieser Übung können sich die Kinder zum Schluss mit Kraft von der Wand abstoßen bzw. wegstemmen. So können sie die positive Kraft des Widerstandes voll erfahren.

Liebe Kinder,

MiniLisa will heute nicht mit dem Kopf durch die Wand, sondern mit den Füßen an die Wand. Lisa möchte ihre Kraft ausprobieren und ihre Kraft durch den Widerstand der Wand verstärken.

Lisa legt sich auf den Boden vor die Wand. Ihre Füße sind aufgestellt und die Knie zeigen gen Himmel.

Liebe Kinder,

Lisa spürt den Boden unter sich. Der Boden trägt sie und hält sie. Ihr Rücken spürt fast überall den Boden. Die Arme liegen neben ihr. Der Kopf liegt auf, aber er ist nach beiden Seiten leicht beweglich.

Lisa spürt einen Fuß. Der Fuß steht noch auf dem Boden und spürt den Boden. Lisa wackelt nacheinander mit jedem Zeh. Dann stellt sie den Fuß auf die Wand. Lisa drückt sich ein wenig von der Wand weg. Sie spielt mit der Kraft. Mal drückt sie nur ein wenig, mal drückt sie den Fuß fester an die Wand. Der Rücken gibt nach. Wo wandert die Kraft hin, Lisa? Was verändert sich? Wie viel Kraft braucht ein Zwergenmädchen?

Wie wird es dem zweiten Fuß ergehen? Lisa nimmt den ersten Fuß von der Wand.

Der zweite Fuß erkundet den Boden und Lisa wackelt wieder nacheinander mit jedem Zeh. Der Fuß stellt sich auf die Wand. Lisa drückt sich ein wenig von der Wand und erkundet, was diese Seite kann. *– Zeit zum Spüren –*

Dann nimmt sie den Fuß herunter und macht eine kleine Pause. *– Zeit zum Spüren –*

Anschließend stellt sie beide Füße auf die Wand. Wie liegt ihr Rücken jetzt auf? Hat er überall Bodenberührung?

Lisa gibt ein bisschen mehr Kraft in den Boden. Der Po gibt nach. Hebt er sich schon ab oder braucht Lisa noch mehr Kraft in den Füßen?

Lisa drückt noch fester gegen die Wand. Ihr Po gibt nach und die Wirbelsäule hebt sich ab.

Je fester Lisa gegen die Wand drückt, desto mehr hebt sich die Wirbelsäule. Die Kraft führt bis zu den Schultern.

Hallo Lisa! Halte bitte nicht die Luft an!

Lisa nimmt die Kraft aus den Füßen und langsam legt sich die Wirbelsäule wieder ab.

Lisa ruht sich aus. Vielleicht stellt sie die Füße auf die Erde.

Nach einer Weile beginnt sie von vorne. Die Füße drücken gegen die Wand und Lisa spielt mit der Kraft ihrer Füße. Sie tut dies eine ganze Weile.

Dann ist es für heute genug. Lisa drückt sich von der Wand weg, bis sie genug Platz hat, um sich ganz hinzulegen. Achtung: Dies geht nicht bei jedem Boden! Manchmal muss man sich auch ein wenig sich von der Wand wegschlängeln.

Liebe Kinder,

Lisa ruht sich nun aus. Wie geht es euch? – *Zeit zum Spüren* – Mögt ihr auch noch etwas ruhen? – *Zeit zum Spüren* – Dann räkelt euch durch und steht auf.

MiniLisa nimmt ihre Umrisse wahr

Zur Übung: MiniLisa geht ihre Außenseiten entlang. Damit nimmt sie ihre Begrenzungen wahr und entwickelt gleichzeitig Raumgefühl, da wir Menschen mit allen Sinnen die Umgebung wahrnehmen, zum Beispiel auch durch und mit der Haut. Es bietet sich an, dass Kinder sich anschließend mit dem Gefühl ihres Umrisses malen. Dabei ist die Empfindung der Umrisse wesentlich und nicht das »richtige« Malen.

Ausgangsposition: Rückenlage

Material: Decke bzw. Kissen als Unterlage

Zeitdauer: 10 Minuten

Zur Anleitung: Die Übung erscheint einfach, bedarf aber der Konzentration. Die Geschichte geht so, dass MiniLisa an der Außenseite des Kindes vorbeigeht. In dieser Variante benutzt MiniLisa ein imaginäres Hilfsmittel: MiniLisa geht die Außenseite mit einem Zwergen-Lichtpinsel entlang.

Liebe Kinder,

MiniLisa und ihre Freunde haben ein schönes Spiel. Heute möchte sie es mit dir spielen. Wenn du gut liegst, möchte sie an deiner Außenseite mit einem Lichtpinsel entlangfahren. Als sie 75 Jahre alt wurde (dies ist für Zwerge ausgesprochen jung und entspricht Kindern im Alter von 7 bis 8 Jahren), bekam sie von ihrer Großmutter (die 750 Jahre alt war) einen Lichtpinsel geschenkt. Wenn man mit diesem Pinsel die Haut oder die Kleidung berührt, dann leuchtet der Zwerg etwa zwei Stunden in einem milden Licht. Dies ist sehr praktisch, wenn man im Dunkeln die Laterne vergessen oder wenn man sich verirrt hat. Da Zwerge sehr klein sind, werden sie so von ihren Freunden besser gefunden.

Nun kommt MiniLisa gleich zu dir und geht ganz um dich herum.

Du liegst auf dem Boden und spürst den Boden unter dir. Dies kennst du ja nun gut.

Spüre, ob du wirklich gut liegst. Sonst bewege dich noch ein wenig, bis du zufrieden bist.

Die Arme liegen nicht dicht neben dem Körper, sondern haben Abstand, sodass MiniLisa gut um dich herumgehen kann. Gleiches gilt für deine Beine. Die Füße liegen schulterbreit auseinander, so kann Lisa auch um beide Beine wandern.

MiniLisa kommt jetzt zu dir und stellt sich an deinen Kopf. Sie berührt dich zart mit ihrem Lichtpinsel und sie wandert mit dem Lichtpinsel zum Ohr, dann Richtung Hals. Sie fährt den Hals entlang bis zur Schulter. Von dort wandert der Lichtpinsel den ganzen Arm außen entlang und dann um jeden einzelnen Finger herum. Am letzten Finger macht MiniLisa eine Pause. Bist du noch ganz aufmerksam? Spürst du noch, wo MiniLisa dich berührt hat? Schließ mal die Augen. Fühlst du das Licht?

Dann geht MiniLisa weiter. Sie berührt deinen Arm innen bis zur Achselhöhle und dann geht sie langsam deine Seite entlang bis zu Fußsohle. *– Zeit zum Spüren –*

Ist sie angekommen? Sie streicht nun deine ganze Fußsohle mit dem Pinsel ein und geht dann an der Innenseite des Beines hoch und auf der anderen Seite wieder herunter. *– Zeit zum Spüren –*

Wieder macht sie an der Fußsohle eine kleine Pause – und streicht die andere Fußsohle ein.

Spürst du beide Füße, wie sie berührt wurden? Vielleicht leuchten sie sogar noch?

Dann streicht MiniLisa mit dem Pinsel an deiner Beinaußenseite behutsam entlang, merkst du dies? Sie streicht bis unter die Achselhöhle und macht wieder eine kleine Pause. *– Zeit zum Spüren –*

Sie fährt den Arm herunter und umrundet wieder jeden einzelnen Finger.

Danach gleitet der Lichtpinsel über deine Armaußenseite über die Schulter bis zum Hals. *– Zeit zum Spüren –*

MiniLisa hält noch einmal inne. Jetzt kommt der letzte Abschnitt.

Der Lichtpinsel wandert den Hals entlang, am Ohr vorbei oder über das Ohr bis zum Scheitelpunkt. MiniLisa endet genau da, wo sie angefangen hat. Merkst du, wo der Anfang war und das Ende ist?

Vielleicht spürst du ja noch, wo MiniLisa entlanggegangen ist? Vielleicht fühlst du noch deine Umrisse oder du spürst, wie das Licht dich noch umgibt.

Liebe Kinder,

MiniLisa verabschiedet sich von euch und ihr von MiniLisa.

Bleibt noch eine Weile liegen. Dann räkelt euch durch und setzt euch auf.

(Wenn du willst, kannst du dich malen, wie MiniLisa um dich gegangen ist. Bitte gute, leuchtende Pastellkreiden bereitlegen. Damit macht das Malen mehr Spaß und die Farben sind intensiver. Das Blatt sollte mindestens DIN-A3-Format haben.)

Die Kleine-dicke-Ritter-Reihe

Zur Kleinen-dicken-Ritter-Reihe

Der kleine dicke Ritter ist ebenfalls eine Kinderbuchfigur. In der Eutonie lädt er zum guten Stehen und Gehen, zur Standfestigkeit, zum Sich-Behaupten und zur Auseinandersetzungsfähigkeit ein. Es gibt oft die Frage, wie gerade Jungen sich ausdrücken und wie sie Kraft, Standfestigkeit und Auseinandersetzung mit Regeln einüben können.

Auf den ersten Blick ist der kleine dicke Ritter nicht der tolle Held, aber gerade dieser Ritter ist standfest, sich selbst treu, hat Freunde und kämpft für sie, wenn es denn sein muss.

Außerdem widerspricht diese Ritterfigur festgelegten Männlichkeitsidealen. Warum soll nicht ein kleiner Dicker ein toller Typ sein?

Manchmal haben Menschen Anfragen, was die Übungen mit »Waffen« betrifft, denn ich gebrauche die Bambusstöcke in den Übungen auch als Stockschwerter. Ich begebe mich dabei für manche sicher an die Grenze der Eutonie. Sei es, so wie es ist. In den Übungen hilft es, dass Mädchen und Jungen sich eutonisch und kraftvoll bewegen. Sie finden ihren Standpunkt. Und das ist das Ziel.

Abgesehen davon ist es auch gut, wenn Jungen und Mädchen sich (auch mit einem Stock) wehren können. Dabei helfen die Übungen zu einem angemessenen und gesammelten Umgang mit der eigenen Kraft und Energie. Es geschieht nämlich auch in diesen Übungen ein Spannungsausgleich. Vielleicht wird so die positive Seite von Aggression in Konzentration – in gesammelte Energie – gewandelt.

Alle diese Übungen betonen den Beckenraum, also den Bauchbereich, aus dem eigentlich die Kraft kommt und zur Verfügung steht. In den Übungen fangen Jungen und Mädchen an, diesen Bereich zu integrieren.

Das Buch zum Ritter: »Der kleine dicke Ritter« von Robert Bolt (siehe Literaturhinweise S. 133).

Ich bin ein kleiner Dicker

Das Lied vom kleinen, dicken Ritter

Text und Musik: Siegfried Macht

2 Das Stehen ist das Schwerste
denn stößt dich einer um
dann scheppert deine Rüstung
tscha-depper-depper-dumm.

3 Ich wecke meine Füße
ich wecke beide auf
auf aufgeweckten Füßen
da steht man besser drauf!

4 Ich sammle meine Kräfte,
ich sammle sie im Bauch.
Das musst du mal probieren,
ich glaub das kannst du auch.

5 Ich bin so furchtbar locker,
ich bin ein echter Held.
Mich haut heut nichts vom Hocker,
ich ziehe in die Welt.

Zwischengesang

Tscha depper dumm, dumm, dubi, dumm
tscha depper dubi, dubi, daba, daba dumm.

Der kleine dicke Ritter ist standfest

Zur Übung: Diese Übung besteht aus zwei Teilen. Im ersten Teil wird am stabilen Stehen gearbeitet. Im kürzeren zweiten Teil wird in einer Partnerübung der feste Stand »geprüft«.
Die Kinder stehen auf Strümpfen, die Schuhe sind auf jeden Fall ausgezogen.

Ausgangsposition: Stehen

Material: eine Decke oder eine Matte oder der Teppichboden

Zeitdauer: 15 Minuten

Zur Anleitung: Vor der Übung werden Paare gebildet. Dabei entscheidet die Sympathie. Die Spielregel für Teil zwei: Es wird achtsam miteinander umgegangen und kein »Blödsinn« gemacht. Ein Ritter ist wachsam und standfest. Da die Übung im Stehen geschieht, kann der/die Anleitende mitmachen und so ein Vorbild sein.

Liebe Kinder,

der kleine dicke Ritter ist ein seltsamer Ritter. Er sieht vielleicht ungewöhnlich aus, aber er ist stark, listig, gut gelaunt und standfest.

Und wie steht ein Ritter fest? Dazu gibt es eine alte lange Ritterübung. Der Ritter übt einen festen Stand, damit man ihn nur schwer umwerfen kann. Falls er mit der Rüstung umfällt, ist das Aufstehen schon schwer. Und wenn er einen festen Stand gefunden hat, dann übt er, beweglich und nachgiebig zu sein. Heute übt der kleine dicke Ritter die Standfestigkeit.

Mögt ihr das auch üben? Dann stellt euch hin.

Erster Teil

Der kleine dicke Ritter stellt seine Füße in Schulterbreite nebeneinander.

Er spürt den Boden unter den Füßen und stellt sich vor, dass seine Füße in dem Boden Wurzeln bilden. Aber diese Wurzeln binden die Füße nicht am Boden fest, sondern wenn der Ritter einen Schritt nach vorne geht, kommen die Wurzeln mit. Der Ritter probiert einen Schritt nach vorne und hinten. Auch im Gehen bleibt der Ritter verwurzelt.

Der kleine Ritter steht und geht gut. Er geht einige Schritte. Die Erde zieht ihn an, wie einen Magneten, und doch sind die Füße leicht.

Nun steht der kleine Ritter wieder. Er spürt seine Knie. Die Knie sind auf keinen Fall fest durchgedrückt. Der Ritter geht ein wenig in die Knie. So sind die Knie ganz elastisch und nachgiebig. Mal steht der Ritter mit gelöstem Knie auf einem Bein und ist ganz standfest, mal steht er auf dem anderen Bein. Wie lange kann der Ritter auf einem Bein locker stehen?

Der kleine Ritter übt, in den Knien nachgiebig zu sein, sonst ist er wie eine kleine Bohnenstange, die der Wind umpustet.

Nun löst der kleine Ritter sein Becken. Er kippt das Becken nach vorne und hinten. Dabei wackelt er nicht mit dem Po, sondern er kippt wirklich das Becken (vergleiche dazu die Übung des Pinocchio auf Seite 55). Einmal zieht er fast den Bauch ein und das Becken kippt nach hinten. Dann drückt er fast den Bauch nach vorne raus und das Becken kippt nach vorne. Dies macht der kleine Ritter ein paar Mal. Dabei stellt er sich vor, dass sein ganzes Gewicht ins Becken sinkt.

Mit der kleinen Kippe hat der Ritter auch seine Wirbelsäule trainiert. Die Wirbelsäule ist so elastisch wie eine Sprungfeder oder eine Metallspirale. Damit dies so bleibt, rollt der kleine Ritter seine Wirbelsäule ein. Er beginnt am Kopf und senkt ihn Wirbel für Wirbel. Es folgt die ganze Wirbelsäule bis der ganze Oberkörper vom Becken aus locker nach unten hängt. Die Arme hängen mit.

Dann gibt der Ritter Kraft durch die Füße in den Boden und durch den Druck richtet sich die Wirbelsäule bis in den Kopf hinein auf. – *Zeit zum Spüren* –

Jetzt steht der Ritter aufrecht, locker, elastisch und doch fest verwurzelt. – *Zeit zum Spüren* –

Und die Arme? Die Arme des kleinen Ritters hängen. Genau wie die Schultern hängen sie nach unten.

Wenn der Ritter die Schultern nach rechts und links dreht, dann folgen die Arme. Sie schwingen mit.

Dies probiert der Ritter jeden Tag. Er lässt die Arme schwingen. Dann werden die Arme ruhiger und hängen wieder. Der Ritter steht und er prüft noch einmal, ob sein Gewicht auch im Becken ruht. So steht er gut. So geht er gut.

Zweiter Teil

Jetzt folgen zwei Ritteraufgaben (Turnierübungen) zum Ausprobieren.
Stellt euch zu zweit zusammen, wie ihr es vorher abgesprochen habt.

1. Zwei Ritter stehen sich gegenüber und der eine »stößt« gegen die linke oder rechte Schulter des anderen – ohne es vorher zu sagen. Der andere Ritter weicht sanft mit der Schulter aus. Die Schultern sind so locker, dass sie wie ein loser Fensterflügel nachgeben. Nach einer Zeit wird gewechselt.
2. Wieder stehen sich die Ritter gegenüber. Die Ritter lassen ihr Gewicht und damit ihren Schwerpunkt nach unten sinken. Der eine Ritter bringt den anderen aus dem Gleichgewicht . Er stößt dabei vorsichtig gegen den anderen Ritter (gegen das Brustbein). Dabei versucht der Stoßende herauszufinden, wie viel Kraft er braucht, damit der andere Ritter aus dem Gleichgewicht kommt. Der Ritter beginnt mit kleinen Stößen und stößt den anderen nicht um. Nach einer Zeit wird gewechselt.
   Die beiden Ritter verbeugen sich am Ende voreinander.

Der kleine dicke Ritter sammelt seine Kraft

Zur Übung: Voraussetzung dieser Übung ist die vorherige, »Der kleine dicke Ritter ist standfest«. Diese Übung besteht aus drei Teilen. Im zweiten Teil wird an der Haltung, der Kraft und der Konzentration gearbeitet. Im ersten und dritten Teil wird in einer Partnerübung die eigene Kraft ausprobiert und vielleicht vertieft. Die Kinder stehen auf Strümpfen, die Schuhe sind auf jeden Fall ausgezogen.

Ausgangsposition: Stehen

Material: eine Decke oder eine Matte oder Teppichboden

Zeitdauer: gut 15 Minuten

Zur Anleitung: Vor der Übung werden Paare gebildet. Dabei entscheidet die Sympathie. Die Übung beginnt und endet als Partnerübung. Die Spielregel für den Partner-Teil: Es wird achtsam miteinander umgegangen und kein »Blödsinn« gemacht. Der/die Anleitende sollte die Übung intensiv ausprobieren, sonst wird die Übung nicht verständlich.

Erster Teil

Jetzt machen wir einen Ritter-Test, damit wir sehen, ob die Übung uns hilft, stärker zu werden.

Der kleine Ritter stellt sich gut hin. Ein zweiter Ritter kommt zu ihm und gemeinsam machen sie ein Experiment.

Der kleine dicke Ritter hebt seinen Arm in die Waagrechte, er streckt ihn wie einen Ast zur Seite. Und der zweite Ritter drückt den Arm nach unten.

Dann drückt der kleine dicke Ritter zwei Finger – den Daumen und einen beliebigen anderen Finger zusammen und der andere Ritter oder die Ritterin versucht, die Finger mit einer Hand auseinander zu bekommen. Der Ritter merkt sich jedes Mal genau, wie viel Kraft er gebraucht hat.

Dann wird gewechselt.

Zweiter Teil

Jetzt übt jeder Ritter für sich allein.

Der kleine dicke Ritter stellt sich gut hin. Die Füße sind fest verwurzelt im Boden. Er erinnert sich an alles, was er über gutes Stehen gelernt hat.

Der kleine dicke Ritter steht locker und fest. Sein Gewicht lässt er nach unten sinken.

Die Kraft liegt nicht in den Muskeln, sondern im Bauch-Becken-Bereich.

Dort kann er etwas die Muskulatur anspannen, aber er hält auf keinen Fall die Luft an. Das macht eher schwächer. Auch seine Aufmerksamkeit sammelt sich im Becken-Bauch-Raum.

So sammelt der kleine dicke Ritter also alle Kraft im Bauch (Ist er vielleicht deshalb dick?) und hebt dann seinen Arm wieder zur Seite. Wie viel Kraft fühlt (!) er jetzt in dieser Haltung?

Er probiert beide Armseiten aus. Welcher Arm ist leichter und fester zu halten?

Der kleine Ritter lässt die Arme sinken und vergewissert sich, ob er gut steht und seine Kraft/Sammlung noch im Bauch ruht.

Dann drückt er den Daumen und einen Finger einer Hand zusammen. Die Kraft kommt aus dem Bauch, auch wenn die Kraft in den Fingern zu spüren ist. So bringt der kleine Ritter die Kraft des Bauches und die Muskulatur der Arme oder Finger zusammen.

Gut kleiner Ritter! Dein Partner ist auch vorbereitet.

Dritter Teil

Der kleine Ritter und sein Partner kommen wieder zusammen.

Einer beginnt: Der Ritter stellt sich gut hin und holt die ganze Kraft aus dem Bauchraum. Er hebt seinen Arm, der andere drückt. Was passiert jetzt? Die Ritter vergleichen es mit dem Anfang.

Dann – in gutem Stand und mit gesammelter Kraft – drückt er die Finger zusammen. Was passiert, wenn der andere Ritter wieder mit einer Hand die Finger lösen will? Wie leicht oder schwer geht es jetzt? Die Ritter probieren hin und her.

Sie wechseln nach einer Zeit die Aufgaben.

Die Geschichte klingt mit einer Verbeugung der Ritter voreinander aus.

Der kleine dicke Ritter übt alleine den Schwertkampf

Zur Übung: Die Übung in der Geschichte ist einerseits eine konzentrierte Verlängerung der Arme (klassische Eutonie), andererseits verbindet sie Sammlung und eutonische Bewegung. Voraussetzung für diese Geschichte sind die beiden vorherigen Übungen. Die drei Übungen bauen aufeinander auf. Wenn jede Geschichte einmal erzählt und geübt wurde, kann die Reihenfolge wechseln. Für die Kinder ist es wichtig zu erfahren, dass die wirklichen Ritter früher oft dasselbe immer wieder geübt haben, bis sie es wirklich konnten.

Die Kinder stehen auf Strümpfen, die Schuhe sind auf jeden Fall ausgezogen.

Ausgangsposition: Stehen

Material: eine Decke oder eine Matte oder der Teppichboden und ein ca. 60 – 70 cm langer Stock pro Kind (am besten Bambus, da sich dieser Stock noch anderweitig gebrauchen lässt).

Zeitdauer: gut 10 Minuten

Zur Anleitung: Der Ritter bringt Bewegung, Standfestigkeit und Kraft aus dem Bauchraum zusammen. Es geht um eine konzentrierte Bewegung mit Stöcken.

Liebe Kinder,

heute probiert der kleine dicke Ritter eine neue Übung aus. Er braucht dazu alles, was er schon gelernt hat. Der kleine dicke Ritter steht gut. Das Stockschwert liegt noch auf dem Boden. Der kleine Ritter spürt die Füße und verwurzelt sich. Er lockert die Knie und steht, ohne die Knie durchzudrücken. Er kann das Becken kippen und richtet vom Becken her die Wirbelsäule auf. Er steht aufrecht und doch nachgiebig wie ein Baum im Wind. Der Kopf sitzt wie eine Krone auf der Wirbelsäule. Die Arme hängen gelöst.

Die Füße stehen in Schulterbreite nebeneinander. Der Ritter verlagert das Gewicht auf einen Fuß. Der andere Fuß hat nur noch ein wenig Gewicht, er stützt den Ritter nur noch ein wenig ab. Schließlich hebt er den Fuß an. Wo ist der Mittelpunkt des Ritters? Er probiert es aus. Steht der kleine Ritter gut, wenn der Bauchnabel über dem Fuß ist? Hat er dann sein Gleichgewicht hier wieder gefunden?

Dann wechselt der Ritter mit dem Gewicht auf den anderen Fuß und legt auf ihn immer mehr Gewicht. Wo ist das Gleichgewicht? Er findet es, wenn die Bauchmitte über dem auf dem Boden stehenden Fuß ist.

Dann setzt der Ritter den angehobenen Fuß nach vorne und steht im Ausfallschritt. Der Ritter bewegt sich nach vorne, aber er hebt keinen Fuß. Er schwingt nach vorne und zurück. Er schwingt mit lockeren Knien, seine Mitte geht nie über den Fuß hinaus, sonst steht er nicht mehr fest. Der Ritter schwingt zurück, sein Gewicht ist fast hinten, er hebt den vorderen Fuß, setzt ihn zur Seite und geht wieder in den Ausfallschritt. Wieder schwingt er hin und her. Dann setzt er einen Fuß zur anderen Seite. Er bleibt ganz beweglich. Immer neu verlagert der kleine Ritter sein Gewicht, hebt einen Fuß und setzt ihn im Ausfallschritt neu auf. *– Zeit zum Spüren –*

Dann nimmt der Ritter das Stockschwert. Er streckt seinen Arm mit dem Schwert aus. Schulter, Arm und Schwert bilden eine Linie. Der Ritter setzt den Fuß nach vorne. Das Schwert folgt der Bewegung und stößt in die gleiche

Richtung. Der Ritter geht nicht zu weit nach vorne, sonst fällt er um. Wenn der Ritter in eine andere Richtung stoßen will, setzt er den Fuß um und das Schwert folgt. Sobald der Fuß umgesetzt wird und der Körper mit dem Gewicht nach hinten geht, sinkt der Arm mit dem Stock. Sobald er das Gewicht nach vorn verlagert, geht der Schwertarm hoch und stößt nach vorne. Dabei folgt der Stoß immer der Richtung des Beines. Der kleine Ritter probiert diese Übung nach allen Richtungen, aber er bleibt dabei auf seiner Matte.

Wenn er nach vorne stößt, behält er immer das Gleichgewicht. Die Kraft des Stoßes kommt aus seinem ganzen Körper. So ist die Kraft größer, als nur aus den Armen. – *Zeit zum Spüren* –

Zum Abschluss stellt der Ritter sich einen wendigen Gegner vor und versucht, ihn zu treffen. Er stößt nach allen Richtungen und immer gehen die Füße mit. Der Ritter haut nicht nach links und rechts, sondern er bewegt sich nach links und rechts und stößt dann zu. So sieht er immer in die richtige Richtung und bleibt standfest. Der kleine dicke Ritter kämpft so eine ganze Weile.

Jetzt ist der Kampf zu Ende. Der Ritter legt seinen Stock an die Seite. Er bleibt noch eine Weile aufrecht stehen und verbeugt sich dann. Die heutige Übungszeit ist für den kleinen Ritter vorbei. – *Zeit zum Spüren* –

Liebe Kinder,

ruht euch noch ein wenig aus und erzählt dann, was ihr erlebt habt.

Der kleine dicke Ritter kämpft mit seinem Drachenfreund

Zur Übung: Die Übung ist eine Variante der vorausgegangenen Übung. Es verbinden sich Imagination, also eine Vorstellung des Drachens, und ein Kampf mit ihm.

Die Kinder stehen auf Strümpfen, die Schuhe sind ausgezogen.

Ausgangsposition: Stehen

Material: eine Decke oder eine Matte oder der Teppichboden und einen ca. 60 – 70 cm langen Stock pro Kind (am besten Bambus).

Zur Anleitung: Der Ritter bringt Bewegung und Kraft aus dem Bauchraum ins Spiel. Jedes Kind kämpft gegen einen imaginären Drachen.

Diese Übung kann auch als Partnerübung durchgeführt werden. Ein Kind schaut dabei dem anderen zu und ist so etwas wie eine »Turnierleitung«. Es zeigt an, wann der Kampf neu anfangen muss und benennt die »Patzer«.

Der kleine Ritter hat einen Drachen zum Freund. Diesen Drachen hat er selbst groß gezogen, er heißt Bonzo. Jeden Morgen kämpfen sie zusammen. Es gibt drei Möglichkeiten, den Kampf zu beenden:

1. Der Kampf ist zu Ende, wenn der kleine dicke Ritter das Gleichgewicht verliert.
2. Hat der kleine dicke Ritter bis zum Ende der Kampfzeit nicht das Gleichgewicht verloren, hat er gewonnen.

3. Der Kampf ist auch zu Ende, wenn der Ritter nach seitwärts links und rechts haut, ohne sich mitzudrehen, also ohne seine Fuß- und Körperhaltung zu ändern.
   (Dieser Aspekt macht aus dem Kampf einen rituellen, eher langsameren Kampf. Wird er weggelassen, wird die Übung einfacher, aber auch nicht so konzentriert.)

Die Haltung es Ritters entspricht der vorherigen Übung. Der Kampf beginnt aus einer guten Haltung, mit einer Verbeugung vor dem Drachen. Genauso endet auch die Übungszeit, sie dauert jeweils 3 bis 5 Minuten. Der/die Anleitende eröffnet und beendet die gesamte Kampfzeit.

Wird die Übung mit einem Partner durchgeführt, wechseln die Aufgaben.

In dieser Übung kann der Ritter stoßen, aber auch schlagen und stechen, nur müssen Körperrichtung und Bewegung übereinstimmen.

Der kleine dicke Ritter und das Stockdrücken

Zur Übung: Diese Übung besteht aus zwei Teilen. Im ersten Teil »tut« der kleine dicke Ritter seinen Füßen etwas Gutes. Im zweiten Teil übt der kleine dicke Ritter mit einem Partner seine Kraft durch »drücken« einzusetzen. Die Kinder stehen auf Strümpfen (eventuell »Noppensocken«), die Schuhe sind ausgezogen.

Ausgangsposition: Stehen

Material: eine Decke oder eine Matte oder der Teppichboden, ein Bambusstab, eventuell zwei Bierdeckel

Zeitdauer: 15 Minuten

Zur Anleitung: Vor der Übung werden Paare gebildet. Die Übung beginnt jeder für sich und sie endet als Partnerübung. Die Spielregel für die Partnerübung: Es wird achtsam miteinander umgegangen und kein »Blödsinn« gemacht. Mit den Stöcken wird nur gedrückt.

Liebe Kinder,

heute sollt ihr eine neue Ritterübung kennen lernen. Aber erst muss sich der kleine Ritter vorbereiten.

Der kleine dicke Ritter hat seinen Stock quer vor sich auf dem Boden liegen. Er steht vor dem Stock und stellt einen Fuß darauf. Dann rollt er mit dem Fuß den Stock auf dem Boden hin und her. Der Rundstab massiert so die Fußsohle. Der kleine dicke Ritter rollt auch – behutsam – die Fußseiten über den Stab. Der Fuß wird so richtig aufgeweckt. Der kleine Ritter macht das sehr gründlich, weil er weiß, dass er auf wachen Füßen besser steht.

Dann nimmt er den Fuß herunter und beide Füße stehen nebeneinander. Welcher Fuß ist wärmer, größer, breiter oder wie auch immer der Fuß sonst noch sein kann. Der Ritter vergleicht beide Füße. Dann stellt sich der andere Fuß auf den Stab und erkundet ihn genauso.

Am Ende stellt der Ritter beide Füße nebeneinander und vergleicht sie wieder. Je besser der kleine Ritter seine Füße spürt, desto sicherer steht er.

Dann nimmt der Ritter seinen Stab in die Hand und richtet sich auf.

Jetzt begibt er sich auf den Turnierplatz. Eine Decke (längs zusammengefaltet) oder besser eine Yogamatte oder eine Turnmatte ist das Turnierfeld.

Die Ritter stehen zu zweit auf dem Turnierfeld. Sie halten den Stab quer vor ihren Körper und fassen ihn jeweils links und rechts soweit außen an, wie es geht. Zwischen den Händen ist also ein Stück »freier« Stock. (Wer will, kann in zwei Bierdeckel ein Loch machen und die Bierdeckel auf den Bambusstab spießen. Vor jede Hand wird ein Bierdeckel geschoben und schützt die Hand ein wenig, falls der Stock gegen die Hand rutscht.)

Beide Ritter haben nun ihren Stab mit zwei Händen umfasst. Die Aufgabe ist es nun, die Stöcke gegeneinander zu drücken und mit den Stöcken den anderen von dem Turnierplatz zu schieben. Die Ritter verbeugen sich voreinander und treffen sich in der Mitte des kleinen Feldes. Sie legen die Stöcke aneinander und beginnen zu drücken. Schlagen oder drücken mit »Ausholen« ist nicht erlaubt! Die Stöcke haben immer Kontakt. Wichtig ist wieder der gute Stand und ein geschicktes Nachgeben.

Wer von der Matte gedrückt wird oder von ihr herunterläuft, hat eine Runde an den anderen Ritter abgegeben. Es werden 10 Runden im Turnier »gekämpft«. Steht es nachher unentschieden, dann gibt es zwei Sieger.

Der Kampf endet mit einer Verbeugung. – *Zeit zum Spüren* –

Danach legen sich die Ritter auf ihre Matte und ruhen sich aus. Sie lassen den Kampf in sich nachklingen und fühlen sich. Wie geht es den Beinen und Füßen, den Armen und den Schultern, dem Rumpf und dem Kopf? Wie hat der Ritter selbst gestanden und sich bewegen können?

Liebe Kinder,

ihr könnt anschließend miteinander reden, vielleicht gibt es einen gemeinsamen Turnierkuchen und etwas zu trinken.

Anhang

Literaturhinweise

Allgemein zur Eutonie

Gerda Alexander, Eutonie – Ein Weg körperlicher Selbsterfahrung, Kösel, [9]1999
Ulrich Brand, Eutonie – Natürliche Spannkraft, Gräfe und Unzer, 1995
Beate Brandt, Der Weg wächst unter deinen Füßen, Matthias-Grünewald, 1992
Beate Brandt, Jeden Tag leibhaftig leben, Matthias-Grünewald, 1989
Beate Brandt, Sitzen, Schweigen, Hören, Matthias-Grünewald, 1986
Mariann Kjellrup, Bewusst mit dem Körper leben, Ehrenwirth, 2000
Rüdiger Maschwitz, Das Herzensgebet. Ein Meditationsweg (mit über 20 eutonischen Übungen), Kösel, 1999

CD dazu:

Rüdiger Maschwitz, Eutonische Übungen zum Herzensgebet (mit drei angeleiteten Eutonie Übungen), Kösel 1999

Eutonie mit Kindern:

Eleonore Gottfried-Massa, Eutonie mit Kindern, in: Gerda und Rüdiger Maschwitz, Stille-Übungen mit Kindern, Kösel, [6]1998
Jenny Windels, Eutonie mit Kindern, Kösel, 1984

Die Kinderbücher, aus denen die Identifikationsfiguren stammen:

Christiane Nöstlinger/Nikolaus Heidelbach, Der neue Pinocchio, Beltz & Gelberg, 1997

Carlo Collodi, Pinocchio, Diogenes, 2000

A. A. Milne, Pu der Bär, Gesamtausgabe, dtv junior, 1997

Robert Bolt, Der Kleine dicke Ritter, Thienemann, 1993

Zur Anatomie:

R. McMinn, R. Hutchings, B.Logan, Das Skelett – Ein Farbatlas, Thieme, 1987

Wynn Kapit, Lawrence Elson, Anatomie – Malatlas, Arcis, 1995

Adressen für Eutonieseminare und Fortbildungen

Bei diesen Adressen sind auch andere Eutonie-Lehrerinnen und -Lehrer zu erfragen.

Gerda-Alexander-Schule e.V, Leitung: Karin Schaefer, Philosophenweg 27, D 77654 Offenburg

Neumühle, Ökumenisches Zentrum für Meditation und Begegnung, c/o Eleonore Gottfried-Massa, D 66693 Mettlach-Tünsdorf

WegGemeinschaft, Haus SPE – Haus für Spiritualität und Engagement, c/o Rüdiger Maschwitz, Hetzenholz 13, D 53804 Much